# コメの登場で変容する
## 堅果類の利用

弥生時代になってコメが登場したことによって、縄文時代の重要な主食であったトチやドングリ類などの堅果類は、コメとミックスした新しい食品形態をも加えて、新たな展開をとげた。堅果類はコメの補いとして重要な役割を果たしていたわけで、いわば弥生文化の形成を支えた、重要な裏方だったのである。

構成・写真／渡辺　誠

**縄文的なドングリ食品**
京都府舞鶴市大俣のジザイもち

**縄文的なトチのコザワシ**
岐阜県揖斐郡徳山村櫨原

**弥生的なドングリごはん（左下）**
韓国大邱市不老洞

**弥生的なトチもち**
京都府北桑田郡美山町豊郷

**弥生的なドングリもち**
韓国大邱市不老洞

# 弥生時代の水田

弥生時代の水田は現在九州から東北地方の各地で20を越える調査例がある。その初現は，西日本では縄文時代晩期後半の凸帯文土器期であり，東北地方でも中期にさかのぼる。また水田は微高地の縁辺部や半湿地に営まれ，微高地上や過低湿地の本格的な開発は古墳時代以降である。

構　成／田崎博之

福岡市板付遺跡の水田（板付Ⅰ式土器期）
田面には足跡が検出され，写真左側には取排水用の水路がみえる。（福岡市教育委員会提供）

青森県垂柳遺跡の水田
（田舎館式土器期）
村越　潔氏提供

福岡市那珂久平遺跡の弥生～古墳時代の水田と，旧河道内に設けられた井堰
井堰は川の水をせき止め，水位をあげて水田に取水することを目的としている。（福岡市教育委員会提供）

# 弥生時代のコメと木製農具

福岡県横隈山遺跡出土の炭化米
上：炭化稲穂束
（九州歴史資料館提供）

板付遺跡の木製農具の未製品出土状況
（福岡市教育委員会提供）

### 福岡市出土の木製農具（福岡市埋蔵文化財センター提供）

広鍬

狭鍬

二又鍬

三又鋤

エブリ

田下駄

鋤　　竪杵

弥生時代のコメは、すべて長幅比が1.3〜2.0間にある栽培稲の一亜種の日本型（ジャポニカ）である。収穫具である石庖丁の存在から弥生時代中期までは穂摘みが行なわれ、後期には根刈りが始まった。福岡県横隈山遺跡などでは穂摘みされ、炭化した稲穂束が袋状竪穴から出土している。また低湿地を対象とした水田では刃先まで木製の農具が用いられ、稲作受容の頭初より使途に応じて農具の使いわけがなされていた。

構　成／田崎博之

# 弥生時代の骨角貝製品

弥生時代になっても骨角貝製品はさかんにつくられるが、縄文文化期のものとは形態の違うもの、新しく加わるものなどがあって独特の内容をもつ。北海道の恵山文化は、さらに新しい文化要素が加わるからであろうし、本州以南の場合でも、縄文時代からのみの伝統ではないのであろう。写真中菜畑出土品には筆者同定の名称が一部にある。

構成・写真／金子浩昌

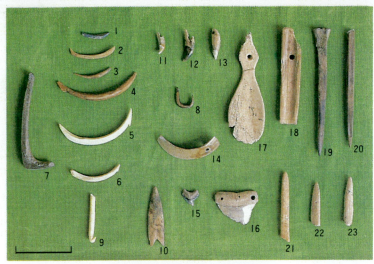

**唐津市菜畑遺跡出土骨角製品**
1～4・8イノシシ歯利用結合式釣針釣部（縄文前期）5・6同（弥生前期）7同軸部（同）9鉤状骨器（縄文前期）10骨鏃（弥生前期）11イヌ切歯（同）12イヌ犬歯（同）13イルカ歯（同）14イノシシ犬歯（同）15イタチザメ（同）16サメ化石歯（同）17鹿角（縄文晩期）18シカ中足骨（弥生前期）19イノシシ腓骨（同）20シカ中手骨（同）21～23骨製ヤス状刺突具（縄文前・晩期）

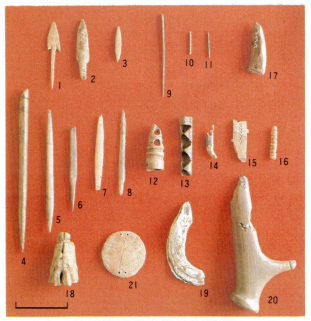

スケールはいずれも5cm

**愛知県清洲町朝日遺跡出土骨角製品**
1～2鏃、3～8ヤス状刺突具、9～11針、12弓筈、13鳥骨製品、14イヌ犬歯穿孔品、15装身具、16骨針頭部、17イノシシ犬歯切断品、18シカ中足骨切断加工品、19イタボガキ貝輪、20剣形角器、21円板形土製品（このほかに鹿角製の逆棘をつけた刺突具、シカ肩甲骨のト骨などが出土している）

**▲▼北海道尻岸内町恵山遺跡出土銛など**
上の3例はクマ、オットセイ、イルカを把手に彫刻したスプーン（続縄文時代の祭の道具か）。下は種々の銛頭。

**◀八尾市亀井遺跡出土のイヌ頭蓋**
弥生時代犬14個体も出土している。狩猟がなおさかんであったことは獣骨やイヌの出土でもわかる。縄文犬の風貌を備える。

## 季刊 考古学 第14号

## 特集 弥生人は何を食べたか

- 口絵(カラー) コメの登場で変容する堅果類の利用
  - 弥生時代の水田
  - 弥生時代のコメと木製農具
  - 弥生時代の骨角貝製品
- (モノクロ) 弥生後期の炭化種子類
  - 続縄文文化の骨角器
  - 南島先史時代の貝塚
  - 東南アジアの初期農耕と稲作

## 弥生人の食料 ―――― 甲元真之 (14)

## 弥生時代の食料

コ　メ ―――― 田崎博之 (18)
畑作物 ―――― 寺沢　薫 (23)
堅果類 ―――― 渡辺　誠 (32)
狩猟・漁撈対象物 ―――― 劒持輝久・西本豊弘 (36)

## 初期段階の農耕

中　国 ―――― 西谷　大 (41)
東南アジア ―――― 新田栄治 (44)
西アジア ―――― 常木　晃 (47)
イギリス ―――― 甲元真之 (50)

## 弥生併行期の農耕

| 北 海 道 | 木村英明 | (53) |
| --- | --- | --- |
| 南　　島 | 木下尚子 | (57) |
| 朝鮮半島 | 後藤　直 | (64) |
| 中　　国 | 飯島武次 | (68) |
| 沿 海 州 | 臼杵　勲 | (72) |
| 北西ヨーロッパ | 西田泰民 | (75) |
| 新 大 陸 | 小谷凱宣 | (78) |

### 最近の発掘から

西北九州の縄文時代低湿地遺跡 長崎県伊木力遺跡 ──伊木力遺跡調査会 (81)

弥生前・中期の低湿地遺跡 松江市西川津遺跡 ──内田律雄 (83)

### 講座 考古学と周辺科学 9

文献史学（古代） ──宮本　救 (89)

書評 (93)
論文展望 (96)
文献解題 (98)
学界動向 (102)

表紙デザイン／目次構成／カット
／サンクリエイト

59号住居址炉周囲の遺物出土状態

炭化米が多量に出土した59号住居址(写真右上の土器片が集中する辺りにとくに多く出土)

# 弥生後期の炭化種子類
## —長野県橋原遺跡—

弥生時代後期の集落遺跡である岡谷市の橋原遺跡では昭和54年の調査で58軒の住居址が発掘され、そのうち火災により焼失した住居1軒から多量の炭化種子類が出土した。米が46.8ℓ(2斗6升)、粟2,100粒(いずれも重量による推測値)、豆130粒が検出されている。米は大粒のものとやや小粒のものに大別され、計測値は長幅比1.70である。出土状態からこれらは大小の壺と甕に入れられて、住居北東隅の高所に置かれていたと考えられている。

構　成／会田　進
写真提供／岡谷市教育委員会

米(大粒)　〈スケールは1cm〉

米(小粒)

豆

粟

# 続縄文文化の骨角器

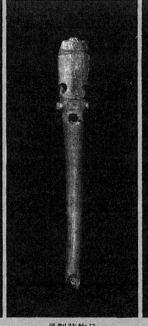
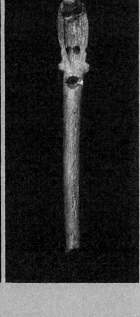

骨製装飾品

北海道において弥生時代に併行する続縄文文化の骨角器は縄文文化の伝統を強く受け継いだものである。問題は縄文文化とどこが異なるのかということである。筆者は新しい器種が加わるというよりも製作技法の面で，とくに素材の選択性とその加工法で縄文文化と若干異なるのではないかと考えている。金属器による加工の可能性もそのひとつであるが，その内容は定かではない。

　構　成／西本豊弘
　写真提供／札幌医科大学第2解剖学教室

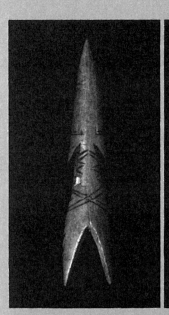

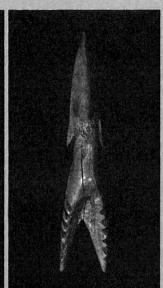
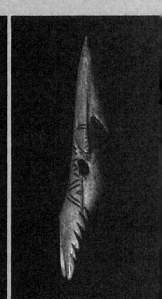

鹿角製銛先

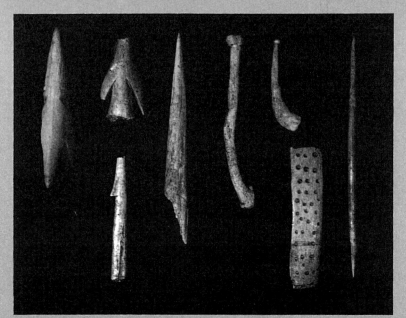

掲載資料はいずれも北海道
伊達市南有珠6遺跡出土品

骨角製品

# 南島先史時代の貝塚

南西諸島における先史時代の貝塚は大規模に盛り上げて塚を作ることはなく，急斜面や崖下に小規模に堆積するもの（1・2）と，砂丘地では生活の場と混在し，一面に拡がるもの（3～6）がある。投棄物は岩礁性の大型貝が主流をしめ，獣魚骨は少ないが，山野より質・量ともに安定したラグーン（礁湖）が生業の対象地域であることがうかがわれる。

構 成／中村 恕
写真提供／沖縄県教育庁文化課
那覇市教育委員会

1 沖縄県嘉手納町野国B地点　崖下に堆積した貝層
沖縄先史時代編年前Ⅰ期（縄文早期相当）

2 沖縄県那覇市崎樋川貝塚　崖下に堆積した貝層
沖縄先史時代編年後期（弥生期相当）

3 沖縄県伊江村具志原貝塚　一般的な砂丘地の貝殻の出土状況
沖縄先史時代編年後期（弥生期相当）

沖縄県米島大原貝塚B地点　敷石遺構内に混在する大型貝殻
沖縄先史時代編年前Ⅴ期（縄文晩期相当）

4 沖縄県座間味村古座間味貝塚
貝層下に表われた円形平地式住居址とゴホウラ集中遺構
沖縄先史時代編年前Ⅴ期（縄文晩期相当）

# 東南アジアの初期農耕と稲作

東南アジアの稲作以前の農耕の実態は考古学からは明確でない。丘陵地帯で始まったジャポニカ・ジャワニカ型の稲による稲作は次第に低地へと栽培域を広げ、デルタ地帯での水稲栽培へと発展していった。稲作の形態はさまざまだが、稲作を基盤として、ドンソン文化に代表される東南アジアの金属器文化が花開いていく。

構成／新田栄治

**タイ・ラオス国境、メコン河沿いの水田**
乾燥した丘陵地帯の東北タイでは天水田が今でも多い

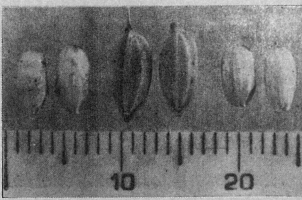

**ベトナム・ドンダウ遺跡出土の炭化米**
ジャポニカ・ジャワニカが初期の稲作の米であった。

**コックパノムディ遺跡の層位と埋葬**
後期新石器時代には農耕が行なわれたが、採集活動も盛んであった。タイ湾に近いこの遺跡は貝塚とその下層の埋葬からなり、土器には籾の痕跡がある。

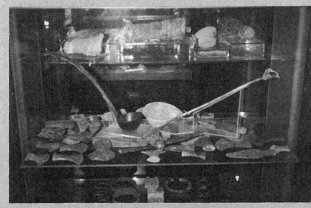

**バンチェン文化の多彩な青銅器**
（スアン・パッカード博物館）

**バンチェン遺跡の副葬土器**
稲作を基盤として金属器文化が栄えた。東北タイのこの遺跡では埋葬に伴い、多くの彩文土器・青銅器が出土している。

**タイ・バンカオ遺跡出土の三足土器**
後期新石器時代には煮沸調理に適した三足土器も作られた。龍山文化の影響とする説もある。

季刊 考古学

特集

弥生人は何を食べたか

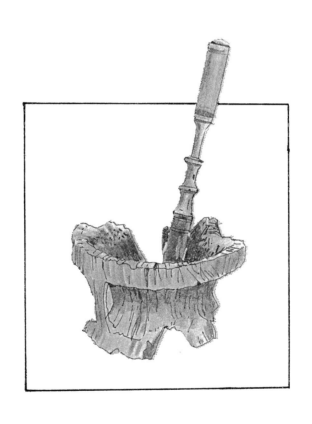

特集●弥生人は何を食べたか

# 弥生人の食料

熊本大学助教授　甲元真之
（こうもと・まさゆき）

弥生時代は，コメにのみ依拠する社会の成立を意味するのでなく，多様な食料の一つとして，弥生人にうけ入れられたのである

## 1 弥生時代の食料の研究

1884年（明治17）に1点の壺が発見されて以来，弥生時代の研究は常に縄文時代との違いを強調することで，その時代的性格が把握されてきた。山内清男氏による稲の存在の指摘[1]，八幡一郎氏による一定地域内の遺跡の動態と石器組成の違いの究明[2]，高橋健自[3]，梅原末治[4]両氏による青銅器の研究などはその特色を明確にしたものであり，1937年から開始された奈良県唐古遺跡の発掘調査は，農耕社会の実態をくまなく明らかにしたのであった[5]。

1947年（昭和22）から全国の学者を動員して行なわれた静岡県登呂遺跡の発掘と，1955年からなされた日本考古学協会特別委員会による弥生時代遺跡の全国的な調査は，登呂に示される農村が列島全体にわたって，ほぼ斉一性をもって展開したことを明らかにした[6]。またこの時期，金関丈夫氏による弥生人骨の研究[7]，岡崎敬氏による初期鉄器の研究[8]などが発表され，弥生時代には水稲耕作が行なわれたというだけでなく，鉄器時代に属し，人種も異なる側面があることなど，縄文時代とは明瞭な差がそこに示されたのである。こうした背景のもとに杉原荘介氏は，登呂遺跡の水田址から収穫できる米の量を推定し，大幅な余剰があることを指摘して，"豊かな農村社会"として弥生時代をとらえたのであった[9]。

1960年代の後半からはじまった大規模開発の波は，またたくまに全国に拡がり，それに伴う緊急調査によって，従来の弥生時代のイメージでは把握されない多様な"文化"がそこに見出されるようになってくる。また花粉分析をはじめとするさまざまな自然科学の分野の研究もとりあわせて行なわれるようになり，地域的ヴァリエーションが明白に浮びあがってくるようになってきた。一言でいえば，弥生文化における縄文的伝統の持続，縄文文化の中での弥生的特色の萌芽，地域的格差の増大であって，決して斉一性のみで語りうるものではない。このような現象の実態をよく物語るものに，弥生時代の植物質食物の検討を行なった寺沢氏による優れた研究がある[10]。これによると，西日本の弥生人は予想以上に自然食をとりいれており，照葉樹林帯でありながら落葉樹林系の食物の多いことは，自らがつくりだした二次的環境を積極的に利用して，縄文人よりもかえって自然依存を深めていたことが類推されるのである[11]。水稲以外でもムギ，マメ，アワなどの畑作物もかなりみられ，多角的な経営を行なっていたことが知られるのである。

ここ10年来全国的な拡がりをもって水田遺跡の発掘があいつぎ，一面では弥生時代の水田耕作への傾斜を示すものとも受けとめられるが，各地域，各時期により，かなりの変差があることも知られるようになった。地域ごとの水田収穫量の算出も可能になってきて，2, 3人によってその結果も公表されている。乙益重隆氏は先述した杉原氏の分析結果に疑問を抱き，登呂遺跡での収穫量を奈良時代の基準で計算しなおしている[12]。その

結果，杉原氏の主張する200石の1/4程度が仮想労働人口数ともつりあいがとれることをのべている。瀬川芳則氏は最も低く見積もるもので，住居址1軒あたりの水田面積を概算し，1軒の住居人口5人での年間食糧比を出して，滋賀県大中の湖南遺跡で100日程度，登呂で45日程度の食料にしかならないことをのべている[13]。また寺沢氏は前期，中期，後期の3時期の収穫量を計算し，前期の岡山県津島遺跡では14〜28日，中期大中の湖南遺跡では第1号地域157〜78日，第2号地域107〜53日として，後期登呂遺跡では267〜200日と乙益・瀬川両氏のほぼ中ほどの概数を発表しているのである[14]。弥生時代の前期から後期にかけて少しずつ収穫量は増加しているものの，依然としてコメだけでは食料は不足するわけであり，コメ以外の食料に多く依存していたことにはかわりはない。

上記した人々の計算は発掘された水田が常に耕作されたとの前提でなされている。農学者によれば水稲を無肥料連作した場合，収穫量は74.7%に減ずるというから[15]，3年連作すれば収穫量は半分にまで低下するのであり，寺沢氏の実験によれば，現在の水稲を1年放置した場合収穫量は1/4に減ずるという。このことからすれば，連作がありえたとしてもせいぜい2年どまりであり，その後1年間は休耕処置がとられなければならなかったであろう。こうした水田の休耕は平安時代にも行なわれていて，「かたあらし」と称されていた[16]。連作による忌地現象をさけるために，一定期間休耕するものであり，平安時代でもこうした休耕田がかなりの面積を占めている。11世紀中頃の伊賀国興福寺・東大寺領300余町のうち，1/3が不耕作地であり，筑前碓井封田では本田の43%がその年耕作されていなかったという記録がある。

このような2年か3年に1度の休耕のシステムを考慮に入れれば，当然のことながら総収穫量は2/3〜1/2に減じた数が実数に近いものとみなければならない。寺沢氏による登呂遺跡の最も収穫の多い例でしても，コメだけで食料をまかなうとしてもせいぜい4カ月程度にしかならないのであり，残りの8カ月というものは，当然自然食物を含めたそれ以外の食物に依拠せざるをえないこととなり，こうした数字は西日本の弥生人が縄文人以上に自然への傾斜を深めているという現象を最もうまく説明してくれるものである。弥生時代に稲作が導入されたとしてもそれはすぐさま水稲耕作にのみ依拠する社会の成立を意味するものではなく，自然界における食料獲得の一つの方法として受け容れられたのであり，水田や畑地を大規模に開拓することで結果的につくりだした二次的環境をも最高度にとり込んで生活を送っていたとするのが実情に近いものであったであろう。

このような現象は決して弥生独特のものではなく，中石器時代から新石器時代への過渡期においては，地球上ほどの地域でもみられたものと思われ，鉄器時代に入っても多くの食料を採取にたよっていた例もみうけられるのである。

## 2 農耕起源の問題

西北ヨーロッパの低地帯では，青銅器時代から鉄器時代にかけての頃の人間が泥湿地に落ち込んでそのまま保存されたのがしばしば発見され，"Bog Man"と呼ばれている[17]。身体全体の保存が良好なために胃を解剖すると，死者が死ぬ数時間前に食べた食物が検出される。デンマークのGrauballe Manの場合は，66種発見された植物種の中で栽培種は7種だけであり，中には麦角病や黒穂病にかかった植物さえも食していたことが判明している[18]。またデンマークのTollund Manの場合では，オオムギのほかにタデ属，トゲサルサ？，スカンポ，サンシキヒルガオ属，カミツレ，アマナズナなどの採集した植物も発見されていて，こうした自然食をも含めたものが，初期鉄器時代の普通の食事であったことが考えられている[19]。

極度に乾燥した地域においては，人間の排泄物がそのまま化石の状態で残されることがあり，これを分析することで何を彼らが食べていたかという分析もなされている。アメリカ・ユタ州のDanger caveでは多量のburrow weedが発見されており[20]，メキシコのSierra Madre洞穴ではエノコログサやトウモロコシの若い穂がみつかっており，トウモロコシも成熟した粒を食べていないことが知られている。またこの遺跡ではヒョウタンが栽培されていたことが知られているが，糞石の中にどれもヒョウタンのないことから，これは容器用に栽培されたものであり，食糧用ではなかったことが考えられている[21]。

このように農耕生活に入ったかなり新しい段階

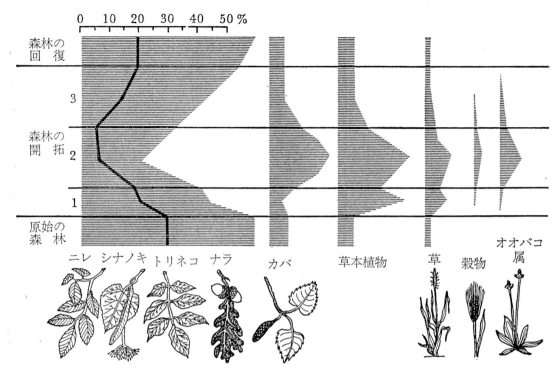

イヴェルセンによる森林破壊のモデル

三つの樹林の花粉の減少と草本類の増加がみられ，それに耕作用の穀物の増加が伴う。
数年後に森林が回復し，草本類や穀物の減少がみられる。

においても，自然に成育する食糧はかなり重要であったことは考えておかねばならない。他方農耕的性格をもった人間の行為はかなり古い段階にまで溯上してゆくという説がこの 10 数年来とりざたされてきている。それは中石器時代や後期旧石器時代の再評価という形で研究が進められてきているのである。

イギリスでは 3,000 年 B.C. を境として急激なニレの花粉の減少がみられ，Atlantic 期と Sub-Boreal 期を区分する目安となっている。ニレの減少に続いてオオバコ類が増加し，穀類の花粉も出現しはじめる。ちょうどこの頃最も早い新石器時代の遺物が出はじめることから，花粉分析にみられる Elm Decline は農民による森林開拓の結果として起こされたものであり，ニレの葉はまぐさとして家畜に与えられたことを示すと考えられている[22]。ところが最近この Elm Decline に先だつ時期に森林の伐採が行なわれたり[23]，穀物の花粉が採取されることがあり[24]，土器などの新石器時代の特徴をもつ遺物を出土する遺跡も 20 近く発見されるようになってきた[25]。この現象を中石器時代のコンテクストの中で理解するのか[26]，新石器時代と解釈するのか[27]議論の分れるところであるが，後者にしても，Windmill Hill 文化のような本格的農民開拓の序曲とみるのか[28]，中石器人の農民化ととらえるのか[29]決着をみていない。狩猟採集民が森林伐採を行なうのは，Mellars が主張するように[30]，原始林に火を放って二次的環境をつくり出し，有用食物の育成とシカなどの動物の繁殖を助長するためであり，こうした中石器人による環境操作の中での農耕や牧畜の位置づけを行なおうとする考えも提示されてきている[31]。

農耕の発祥地と考えられる西アジアにおいても，後期旧石器時代以来の穀物依存の生活の中から農耕が出現したことが明らかにされるようになり[32]，Higgs を中心とした"初期農業史"のプロジェクト[33]がはぐくんだ，後期旧石器時代以来の人間の生業活動の流れの中で農耕や牧畜を評価しようとする説の有効性がうかがえよう。

弥生時代は稲作を基盤とする社会が醸成したものであったとするのはいいすぎであれば，農耕暦

が生活や社会のリズムであった時代といい換えることはできよう。食糧の総計からみればコメに依存するのではなく，コメ以外のもの（多くは自然食物）に依拠する社会であったと考えられる。弥生後期の段階では多く見積ってもせいぜい1/3程度を占めるにすぎないのであり，しかし他方1/3であってもそれに対する求心性が働くために社会が動くともとらえることができ，この点の評価は当然のことながら，各人のよって立つ基盤により異なるのである。

註

1) 山内清男「石器時代にも稲あり」人類学雑誌，40-5, 1925
2) 八幡一郎『南佐久郡の考古学的調査』1928
3) 高橋健自『銅鉾銅剣の研究』1925
4) 梅原末治『銅鐸の研究』1927
5) 京都帝国大学 文学部 考古学研究報告 16『大和唐古弥生式遺跡の研究』1943
6) 日本考古学協会編『日本農耕文化の生成』1961
7) 金関丈夫「人種の問題」日本考古学講座, 4, 1955
8) 岡崎 敬「日本における初期鉄製品の問題」考古学雑誌, 42—1, 1956
9) 杉原荘介「登呂遺跡水田址の復原」案山子, 2, 1968
10) 寺沢 薫・知子「弥生時代植物質食料の基礎的研究」『考古学論攷』, 5, 1981
11) 甲元眞之「農耕集落」『日本考古学』4, 近刊
12) 乙益重隆「弥生農業の生産力と労働力」考古学研究, 98, 1978
13) 瀬川芳則「稲作農業の社会と民俗」『稲と鉄』日本民俗文化大系 3, 1983
14) 註 10) に同じ
15) 市川健夫ほか編『日本のブナ帯文化』1984
16) 戸田芳実「中世初期農業の一特質」『日本領主制成立史の研究』1967
17) P. V. Glob : The Bog People. London. 1977
18) H. Helbaek : Paleo-Ethnobotany. in D. Brothwell & E. Higgs eds. Science in Archaeology. London. 1963.
19) 註17) に同じ
20) J. D. Jennings : Danger Cave. Memoirs of the Society for American Archaeology, No. 14, 1957
21) E. O. Callen : Diet as revealed by Coprites. in D. Brothwell & E. Higgs eds. Science in Archaeology. London. 1963
22) S. Piggott : Early History. in J. Thirsk ed.: The Agrarian History of England and Wales. Cambridge. 1981
23) R. M. Jacobi, J. H. Tallis & P. A. Mellars : The Southern Pennine Mesolithic and Ecological Record. Journal of Archaeological Science. Vol. 3—3, 1976
24) K. J. Edwards & K. R. Hirons : Cereal Pollen Grains in Pre-Elm Decline Deposits. Journal of Archaeological Science. Vol. 11—1, 1984
25) C. Renfrew ed.: British Prehistory. London. 1976
26) R. Dennell : European Economic Prehistory. London. 1983
27) R. Bradely : The Prehistoric Settlement of Britain. London. 1978
　　A. G. Smith, The Neolithic. in I. G. Simmons & M. J. Tooley eds.: The Environment in British Prehistory. London. 1981
28) P. J. Fowler : The Farming of Prehistoric Britain. London. 1983
29) C. Renfrew : Before Civilization. London. 1973
30) P. A. Mellars : Fire, Ecology, Animal Populations and Man. Proceedings of the Prehistoric Society, Vol. 42, 1976
31) G. Barker : Prehistoric Farming in Europe. Cambridge. 1985
32) 藤本 強「レヴァントの細石器」東京大学文学部考古学研究室紀要, 1, 1982
　　藤本 強「ナイル川流域の後期旧石器文化」考古学雑誌, 68—4, 1983
　　藤井純夫「レヴァント初期農耕文化の研究」岡山市オリエント美術館研究紀要, 1, 1981
　　常木 晃「西アジアにおける食料生産の開始について」古代文化, 35—4, 1983
33) E. S. Higgs ed.: Papers in Economic Prehistory. London. 1972
　　E. S. Higgs ed.: Paleoeconomy. London. 1975
　　M. R. Jarman, G. N. Bailey & H. N. Jarman eds.: Early European Agriculture. London. 1982

ブリテン島南部の初期農耕作物
Itford Hill 遺跡出土の四条大麦の炭化した節間
(H. Helbaek, 1952 より)

特集 ● 弥生人は何を食べたか

# 弥生時代の食料

農耕の時代といわれる弥生時代にはコメや畑作物はどんな比重を占めていたか。また縄文以来の採取活動はどうだったろうか。

コメ／畑作物／堅果類／狩猟・漁撈対象物

## コメ

九州大学助手
■ 田崎博之
（たさき・ひろゆき）

現在20以上の弥生水田跡が発見されているが，水稲農耕は凸帯文土器期に西日本にかなりのスピードで伝播した可能性が強い

　私たちが接してきた教科書の挿図や，博物館などの展示パネルにえがかれた弥生時代の生活は，稲作に塗りつぶされている。しかし，そこにえがかれた稲作は，低湿地に種籾をバラ播き，自然灌漑にまかせるといった粗放な段階のものであったり，規則性をもつ水田に黄金色に穂を稔らせた稲が整然と並ぶといった相当完成されたものであったりする。

　弥生時代は日本に稲作が定着した時代であるが，コメと弥生土器とが関連すると考えられはじめたのは明治時代のことである。八木奘三郎氏は，弥生土器に籾圧痕を残すものがあること，焼米が伴うことを指摘している[1]。これに加えて，大正末～昭和初め頃には，山内清男・森本六爾氏らは，弥生土器に伴う大陸系の磨製石器に石庖丁などの農具が含まれること，集落遺跡が低地へ進出することから，弥生時代には沖積地・河口の洲のような低湿地に水田を営み，水稲が栽培されていたとした[2]。さらに，昭和12年から開始された奈良県唐古遺跡の発掘調査では，焼米・炭化した稲の穂束などをはじめ，木製の鍬・鋤・竪杵などの農具が多量に発見され，水稲農耕が弥生時代の普遍的・主要な生活手段であったとの認識が深まっていった。

## 1 弥生時代の水田と立地

　水田遺構が発見されたのは，昭和22～25年の静岡県登呂遺跡の発掘調査である。自然堤防上に弥生時代後期の12軒の住居跡・2棟の高床倉庫・森林跡と水田跡が検出された。水田跡は，矢板と杭を打ち込んだ畦で囲まれ，北西から南東へのびる水路を中心として整然と並んでいた。その後，70,585 m² におよぶ水田の範囲が確認され，杉原荘介氏により，375～2,396 m² の50枚の水田が復元されている。また，水田は，遺跡の北西側と南東側にひろがる過低湿地をさけて，微高地上に営まれている。微高地上で検出された森林跡は，スギ・イヌガヤ・クスノキ・シラカシなどで構成され，植生からいうと当時の微高地上は居住に適さないほど湿潤ではなく，同じ微高地上に営まれた水田も半湿田ほどの状態であったろう。登呂遺跡の水路を伴い整然とならぶ水田景観は，葦がはえ湛水しがちな過低湿地に種籾を播くという粗放な段階と考えられていた弥生時代の水稲農耕に大きな修正をせまるものであった[3]。

　その後，とくに昭和50年代以降，全国各地で続々と弥生時代の水田が検出されている。その中で注目されるのは，これまで縄文時代晩期後半とされてきた凸帯文土器期の水田の発見であり，も

う1つは，東北地方での弥生時代中期にさかのぼる水田の検出である。

わが国の水稲農耕の初現は，凸帯文土器の1つである夜臼式土器と最古の弥生土器である板付Ⅰ式土器との共伴期に，炭化米・籾圧痕をもつ土器・石庖丁が伴うことから，該期からとされてきた。しかし，昭和53年の板付遺跡の調査で，夜臼式・板付Ⅰ式土器の共伴期の水田と，その下層から間層を挾んで夜臼式土器単純期の水田・水路・畦畔および取排水口が検出されたのである。水田の1区画は水路に沿った長方形区画で，東西6～10m，南北50m以上とされ，板付台地と諸岡川の氾濫原との間の台地が一段低くなった所に営まれていた。水路の検出状況は，ある程度の灌漑が行なわれ，水田は半湿田～半乾田の状態であったろうという。

さらに，佐賀県菜畑遺跡，福岡県野田目遺跡でも凸帯文単純期の水田が検出されている。また，兵庫県口酒井遺跡でも凸帯文土器（滋賀里Ⅳ式～船橋式土器）に伴って，炭化米・籾圧痕土器・石庖丁が出土している。最近大阪府牟礼遺跡でも，ほぼ同時期かやや新しい時期の井堰と水田が発見されたという報道があり，凸帯文土器のある時期に，水稲農耕が西日本にかなりのスピードで伝播した可能性が強くなってきた。

東北地方では，『日本書紀』の斉明天皇5年7月の「天子問曰，其国有五穀。使人謹答，無之。食肉存活。」との記事から，稲作の伝播は奈良時代以降，あるいは鎌倉～室町時代とされてきた。伊東信雄氏が籾圧痕土器・炭化米の存在から弥生時代における稲作農耕の存在を推定してはいたが，南から搬入されたという疑問も残されていた。ところが，昭和56～58年に，青森県垂柳遺跡，宮城県富沢水田遺跡で弥生時代中期の水田が発見されたのである[4]。垂柳遺跡は，自然流路・河畔湿地・自然堤防状の微高地がいりくんだ沖積低地にある。水田は低湿地のハンノキの自然林を切り開き，微高地縁辺部に営まれ，調査区内の湿地帯には水田は営まれていない。検出された656枚におよぶ水田は，いずれも中期田舎館式土器期のもので，1区画が約3～23m²で，登呂・板付遺跡の水田とは異なる小区画水田である。

富沢水田遺跡では中期の桝形囲式土器期と，中期前半の寺下囲式土器期の2枚の水田が発見された。水田は扇状地性の沖積低地の後背湿地にあり，土壌は湿性な黒泥土である。下層の寺下囲式土器期の水田には，総延長が推定100mをこえる直接的な水路が伴う。水路内には粘質土が堆積し，排水を水利の主体とする湿田経営が考えられている。上層の桝形囲式土器期の水田は，下層の水田とほぼ重複してはいるが，水路が小刻みに蛇行し，砂層と粘質土が互層状に堆積することから，ある程度灌漑が行なわれた半湿田化された水田が考えられる。石庖丁，鋤・鍬などの木製農具が出土しており，東北地方でも気候条件の良い所では弥生時代中期にすでに稲作が行なわれていたことが確実となった。さらに，青森県松石橋遺跡では，近畿第1様式中段階とされる壺が出土し，大洞A′式～砂沢式土器に伴うという。亀ヶ岡遺跡では，縄文時代晩期の大洞A式土器包含層から籾殻・炭化米の出土が報告されており，東北地方への稲作の伝播はさらに遡る可能性すらある。

現在，全国で20例をこえる弥生時代の水田が検出されているが，大きく2つのタイプに分類できそうである。1つは，登呂・板付・垂柳遺跡あるいは群馬県日高遺跡・岡山県百間川遺跡のように半湿田～半乾田タイプの水田である。このタイプの水田は，山室祝子氏らが岡山平野で分析しているように，自然堤防などの微高地から旧河川氾濫原や低湿地への緩傾斜面に営まれ，ある程度の灌漑が必要である[5]。日高遺跡では，東西を自然堤防にはさまれた河川状低湿地に半湿田タイプの水田が営まれ，その北側上流部には溜池の存在すら考えられている。また，百間川遺跡の後期水田は微高地近くでは小区画，低地近くでは大区画といった地形条件に則した土地利用を行なっている。

もう1つのタイプの水田は，富沢水田遺跡の寺下囲式土器期水田や岡山県津島遺跡の前・中期水田にみられる排水を水利の主体とする湿田タイプの水田である。津島遺跡では，微高地に囲まれた窪地に水田が営まれていた。前述の半湿田～半乾田タイプの水田と同様に，窪地内の強湿地はさけられ，微高地の縁辺に柵と杭で画された小範囲の水田であり，土壌は全層グライ層で強い湿田である。このように，弥生時代水田は湿田と半湿田～半乾田の2タイプの水田に分けられ，津島・富沢水田遺跡では前者から後者への変遷がとらえられている。しかし，立地からいうと，いずれも微高地の縁辺部・微高地近くの湿地に水田が営まれている。灌漑の必要な微高地上や強低湿地には，水

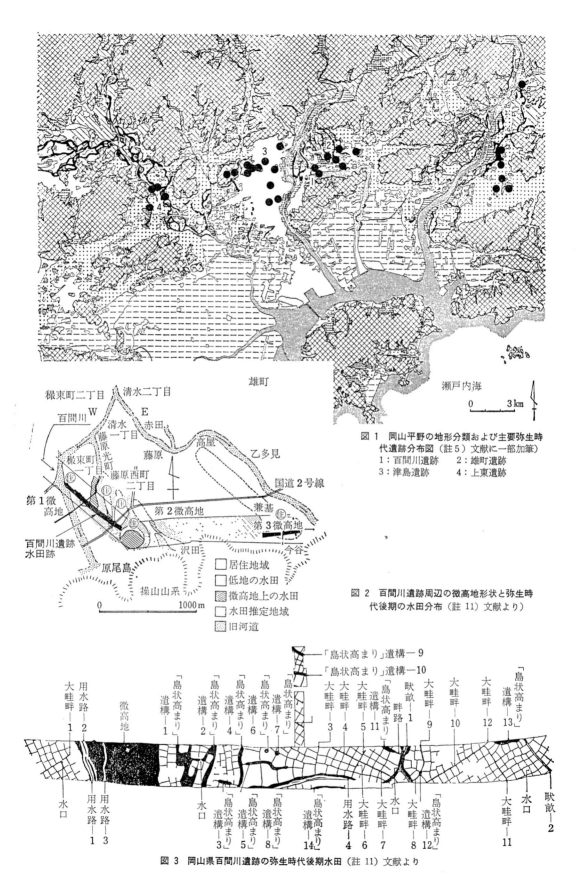

図1 岡山平野の地形分類および主要弥生時代遺跡分布図（註5）文献に一部加筆）
1：百間川遺跡　2：雄町遺跡
3：津島遺跡　4：上東遺跡

図2 百間川遺跡周辺の微高地形状と弥生時代後期の水田分布（註11）文献より）

図3 岡山県百間川遺跡の弥生時代後期水田（註11）文献より

20

田の本格的な開発はなされておらず，そこに弥生時代の稲作の限界が示されている。

## 2 農具と栽培技術

以上のような水田で，どのような農具と栽培技術で稲作が行なわれていたのであろうか。弥生時代の農具は，基本的には刃先まで木製であり，カシ・クスノキ・スギ材が用いられる。弥生時代後期には，鉄製の鋤先，手鎌が普及する。また，諸手鍬・平鍬・又鍬，鋤・エブリ・田下駄などが，弥生時代の頭初よりみられ，使途に応じて農具が使い分けされ，かなり進んだ栽培技術体系がうかがえる。栽培技術に関しては，それを復元できる直接的な考古学的資料は皆無に近いが，間接的な資料からある程度の推測はできよう。

たとえば，稲作の技術的段階を示す1つとして移植栽培法がある。日本の場合，移植栽培法として田植えがあるが，その出現をめぐり，昭和20年代に農学・民俗学の分野で盛んな議論がかわされた[6]。古島敏雄氏は稲作儀礼の記録された延暦24年（805）の『皇太神宮儀式帳』から，古代は田植えが重要な意味をもたない時代であり，万葉集の田植えを詠んだ歌，あるいは「植えし田，蒔きし畠」といった表現から，田植えが一般化するのは奈良時代とした。安藤広太郎氏は鉄器の普及により田植えが一般化すると考え，その時期を5世紀後半以降とした。また，民俗学でも，直播栽培を田植えに先行する栽培形態とすることが多かった。

その後，木製農具の資料が充実していったが，木下忠氏は，前述の文献記録・民俗慣行から直播栽培が田植えに先行するということはいえず，登呂・山木遺跡などで出土する「オオアシ」を苗代田に緑肥をふきこむ農具と考え，おそくとも弥生時代後期には田植えが行なわれていたとした。また，本田の代かき作業に用いられたと考えられる「エブリ」を田植えが行なわれたことを推測させる有力な手がかりとし，弥生時代の頭初に，他の大陸系の文化要素とともにわが国へもたらされた可能性を考えている。さらに，直播は新墾などのような新開地の特殊な場所で行なわれた栽培技術としている[7]。

これに対して，寺沢薫・知子氏は，田植えの場合は稲の成長度が均一化されるので，田植えは根刈りに結びつくという前提で，イナワラの利用が普及する弥生時代後期に田植えが出現すると考える[8]。しかし，収穫方法と田植えが関係づけられるという前提が成り立つものであろうか。

現在，わが国の文献記録・民俗例に残された稲作栽培法には，次のような稲の初期育成方法がある。

(1) 田植え栽培で，苗代で稲を成苗に育て，本田では耕起作業を行ない，水を入れて代かき作業後に苗を移植する。代かき作業は，雑草の発生をさまたげ，土の塊りを破砕・分散させ，苗が活着しやすくする。また土の孔隙を粘土分でうめ漏水を防ぎ，用水の節約と水のもつ保温効果を高める。田植え栽培では，代かき作業は重要な作業過程である。

(2) 湛水直播栽培で，本田を耕起した後に水を入れ，代かき作業を行ない種籾を直播する。水のもつ保温効果が期待されるが，代かきにより土中の酸素が不足するために，タコ足苗やころび苗が発生しやすく，根を土の中にのばすため芽干し作業が必要である。

(3) 本田の耕起→砕土→整地といった作業を行ない，種籾を直播きするが，本葉が4～5枚出葉する1ヵ月間本田を畑状態とし，その後に湛水する栽培法である。この場合，播種前の砕土作業が重要であり，整地にはそれほど注意は払われない。

こうした栽培法を，弥生時代水田の立地や農具と対比させると，まず，(3)については，作業過程の中で代かき作業はそれほど重要ではない。ところが，板付・菜畑遺跡では凸帯文土器期に「エブリ」が存在している。また，こうした栽培法は乾田タイプの水田で行なわれることが多いことから，弥生時代には(3)の栽培法は考え難く，(1)あるいは(2)の栽培法がとられた可能性が高い。

(2)については，かなり豊富な水が必要である。現在の田植え栽培では10アール当り150トンの水が必要とされる。播種前の水入れ，芽干しのための水の入れかえの必要な(2)の栽培法では，それをうわまわる用水が必要である。そうすると，(2)の湿田直播栽培法と対比できるのは，津島遺跡の中・前期水田や富沢水田遺跡の寺下囲式土器期の水田のように，水田が営まれた土地自体がかなり湿潤な湿田タイプである。

また，消去法ではあるが，(1)の田植え栽培法は，水路によりこまめな水量調整を行なっている

弥生時代のコメの収量と扶養人口の試算（註 9）文献より

| 沢田吾一氏による奈良時代の反当りの収量 | | 現在に換算した収量（玄米量/反） | 重　量 | 登呂遺跡の水田全域からの収量 | 登呂遺跡で田植えが行なわれた場合の種籾をさしひいた実質収量 | 登呂遺跡の水田で扶養可能な人口（毎日平均3合米食したとして） |
|---|---|---|---|---|---|---|
| 上　田 | 50 束 | 8斗4升6合 | 105.75 kg | 60石2斗2升6合7勺 | 60石1斗1升3合1勺 | 約 60 人 |
| 中　田 | 40 束 | 6斗7升7合 | 84.63 kg | 48石1斗9升5合6勺 | 48石8升2合 | 約 48 人 |
| 下　田 | 30 束 | 5斗8合 | 63.50 kg | 36石1斗6升4合5勺 | 36石5升9勺 | 約 36 人 |
| 下々田 | 15 束 | 2斗5升4合 | 31.75 kg | 18石8升2合2勺 | 17石9斗6升8合6勺 | 約 18 人 |

板付・垂柳・百間川・日高遺跡などの半湿田～半乾田タイプの水田が結びつく可能性が強い。

## 3　コメの収量と扶養人口の推算

このような水田・農具・栽培法で，どの程度の量のコメが収穫されたのであろうか。乙益重隆・石野博信氏は，沢田吾一氏によって整理された奈良時代の正税帳に記録された収量に基づき，中田の収量6斗7升7合 (0.677 石, 84.63 kg) 以下の収量を推定している[9]。寺沢氏は，休耕田にみられるヒコバエや，収穫時の籾の脱落による2次的な苗の生育状況から，反当り 0.75 石ほどが1つの目安となるとしている[10]。また，多数の稲株と考えられる小ピット群が検出された百間川遺跡の報告では，高畑知功氏が，一株につく穂数・粒数を仮定し，反当り 0.81～2.25 石の間を上下する収量を試算している[11]。これらは，いずれも奈良～平安時代の下々田（反当り 0.254 石）～中田クラスの収量に相当する。

この程度の収量で，どれくらいの人口が扶養可能かという試算を，水田の総面積の明らかな登呂遺跡を例として乙益氏が行なっている。登呂遺跡では 12 軒の住居跡が発見されている。ここで，1軒平均5人の居住を考えると，全人口は60人ほどとなり，弥生時代の収量に近いとされる中田クラス以下では，倒底全員が常時コメを食べることはできない。また，この収量は登呂遺跡の水田全面にコメを作っていた場合である。ところが，洪水などで同時に埋没した水田には足痕や稲株の分布にかたよりがみられ，田面の使い分けや休耕地の可能性が考えられる。そうすれば，コメだけでの扶養人口は，さらに減ることになる。

こうしたコメの不足は，当然他の植物質食料によって補われたであろう。たとえば，富沢水田遺跡ではクリ・オニグルミ・トチの炭化種子が出土しているが，クリは現在の栽培クリに匹敵する大粒である。花粉分析でもイネの花粉とともに，クリ属花粉が増加しており，人間により保護・育成

が想定される。さらに，福岡県門田遺跡では弥生時代終末のドングリ・ピット群が発見されている。また，垂柳遺跡では，水田が営まれた田舎館式土器期には，イネとともに大量のキビ属の機動細胞プラント・オパールが検出されている。キビ属には野・雑草のほかに，ヒエ・キビ・アワなどの作物群が含まれる。その中で，ヒエは東日本のブナ林帯地方では重要な作物で，水田にヒエが栽培された記録があり，その産額もコメ：ヒエ＝421：2,000 石という例もある。こうしたコメ以外の植物質食料は，渡辺誠氏らがいうように，コメの節約の工夫としてカサ増しの材料に用いられたと考えられ，弥生時代の生活のかなりの部分が縄文時代の生活技術の延長線上にとらえられよう[12]。

註
1) 八木奘三郎『改訂版日本考古学』1902
2) 山内清男「日本遠古の文化」ドルメン, 1—9, 1932
　森本六爾「弥生式土器と原始農業問題」日本原始農業, 1933
3) 杉原荘介『日本農耕社会の形成』1977
　大塚初重・森 浩一編『登呂遺跡と弥生文化』1985
4) 伊東信雄「青森県における稲作農耕文化の形成」東北学院大学東北文化研究所紀要, 16, 1984
5) 山室祝子「岡山平野における弥生遺跡の立地について―百間川遺跡を中心に」人文地理, 31—5, 1979
6) 柳田国男・安藤広太郎ほか『稲の日本史』上・下, 1969
　古島敏雄『日本農業技術史』1956
7) 木下　忠「田植と直播き」日本考古学の諸問題, 1964
　木下　忠「田植農法の起源」古代学研究, 94, 1980
8) 寺沢　薫・知子「弥生時代植物質食料の基礎的研究―初期農耕社会研究の前提として」橿原考古学研究所紀要考古学論攷, 5, 1981
9) 乙益重隆「弥生農業の生産力と労働力」考古学研究, 25—2, 1978 ほか
10) 註 8) に同じ
11) 高畑知功「水田遺構」百間川原尾島遺跡, 2, 1984
12) 渡辺　誠『縄文時代の知識』1983

# 畑作物

橿原考古学研究所
寺沢 薫
（てらさわ・かおる）

畑作物は遺跡からの出土が 37 種類知られているが，水稲や
堅果類とともに植物質食料の柱として重視されねばならない

　弥生時代が水稲に主眼をおいた新しい生産基盤の上に成りたった農耕社会であったことをもはや疑う者はない。

　コメは，第1に，味覚がすぐれていること，第2に，粒が大きく，脱稃性に富むため，調理がしやすいこと，第3に，生産性が著しく高く，収穫の安定がみこめる，といった点で他の雑穀類よりもはるかに生産価値に富んでいたがため[1]，水田でのコメの生産性をいかに高めるかが弥生時代以来の先人たちの大きな悲願でもあった。それはまた，水稲農耕こそ日本文化の原点であるとする単系文化論を生む結果ともなったが，わが考古学界においても初期農耕の研究がほとんどまったくといってよいほど水稲農耕の技術的・系譜的問題にむけられてきたことは否めない事実であるといってよい。

　しかし，初期水稲農耕の技術的達成は，近年のあいつぐ整備され，完成された水田跡の発見とはうらはらに，少なくともその生産性においては，輝く稲穂の波の景観を彷彿させるような楽観的なものでなかったことも明らかである。また，最近では民俗学の立場からも，日本文化を，稲作を基軸とする価値体系による第一の類型以外に，畑作を基軸とする第二の類型も重視すべきだとする傾向が現われている[2]。弥生時代畑作物の存在をみなおし，水稲や堅果類とともに植物質食料の柱として考察する意味がそこにあるといえよう。

## 1　弥生時代の畑作物

　弥生時代の植物質食料を知る手がかりには種子遺体と花粉遺体とがある。現状では資料的に蓄積のある前者が有効である。私たちの 1981 年までの集計によれば，224 遺跡から 298 種の植物遺体が確認され，うち 59% にあたる 175 種が食用と判断された[3]。

　これを出土遺跡数によって出現頻度の多寡を表わしたものが図1である。種子じたいの残り具合や大きさの問題もあるが，イネを越えていわゆる堅果類が1位を占めていることと同時に，畑作物もかなりの比率をしめていることがわかるだろう。ただし根茎類や蔬菜類は遺体として残ることがきわめて稀であり，種類や出現頻度の上では明確にあらわれてくることはない。この点は当然栽培されたはずの良好なデンプン質食料でありビタミン源である

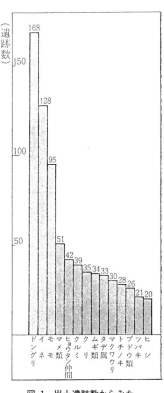

図1　出土遺跡数からみた弥生時代の植物遺体

ることからも，十分留意すべき重要作物であるが，今回はとくにとりあげない。

　さて，現在知られる畑作物は陸稲としてのイネをも含む 37 種類であり，これは栽培されたであろう食物すべてを包括するものである。その内訳は，イネ，アワ，ヒエ，キビ，モロコシ，ムギ類（オオムギ・コムギ・エンバク），ソバ，ハトムギといった穀物類から，マメ類（ダイズ・ツルマメ・アズキ・エンドウ・ソラマメ・リョクトウ・ササゲなど），カボチャ，スイカ，ヒョウタン仲間（ユウガオ・ヒョウタン・フクベ），メロン仲間（マクワウリ・雑草メロンなど）といったウリ科植物，モモ・スモモ・ウメ・アンズ・カキ・ナシなどの果実類，ゴマ，シソ，エゴマ，ゴボウに及び，可能性としてエノコログサがある。また，直接的な食料ではな

いが，アサとカラムシとクワは共に弥生人の"衣"生活面を支える重要な畑作物であり，中期以降の出土例が知られる。以下，主要な畑作物について，そのあり方をみていくことにしたい。

### （1）穀類・マメの栽培

**雑穀（ミレット）類** 小粒禾穀類で一括されるミレットのうち，アワとキビはインドで栽培化され，中国へ伝えられたものと考えられているが，華北の西安市半坡遺跡の袋状竪穴から出土した大量のアワが最古の出土例である。これに対してヒエは東アジアの照葉樹林帯で栽培化された可能性が高く，日本がヒエ品種の最多種国となっている[4]。

さて，わが国のミレットの最も古い出土例は縄文晩期前半（大石式）に伴うとされる大分県大石遺跡のアワ状炭化物塊があるとされるが，いまだ詳報にふれ得ず，種の同定や年代決定は等閑に付されている。現時点での確実な資料は鳥取県青木遺跡 ASK-01 ピット出土例を初見とする晩期後半以降であり，弥生前期では玄海灘沿岸地域に散在して検出されている。この地域では，福岡県横隈山遺跡に城ノ越期の袋状ピット出土のアワがみられるものの，概して中期以降の出土例は乏しい。

これに対して，北九州圏以東の地域では中期後半以降になって検出例がめだってくる。大阪府芝谷遺跡では第五様式初頭の12号住居跡から炭化したコメ，アワ，ヒエがそれぞれ別々の壺から出土した。千葉県城の腰遺跡の092住居跡（宮ノ台式）ではアワがまとまって出土している。岡山県川入遺跡井戸101（鬼川市Ⅲ式）ではコメ364粒に対してアワが108粒あり，岡山県上東遺跡の酒津式甕にはコメとともにアワが付着していたという。ミレットの中でもアワがしめる位置はかなり大きかったと思われる。

とくに後期以降は，東日本でのアワ，ヒエの検出例がめだつ。この点は後述するムギやマメ類とともに重要な示唆を含んでいるといえる。

**ムギ類** 穀類のなかで最も検出例の多いのがムギ類で，オオムギとコムギがその大半をしめている。

ムギ類の最も古い出土例は，縄文中期の岐阜県ツルネ遺跡，埼玉県上野遺跡のオオムギ例であるが，資料的に疑問視するむきもある。しかし，東アジアのムギは，二次的起源地としての雲南から長江系列にのるルートと，中央アジアから北まわりで東北アジアに至るルートが想定されており，後者は夏作で随伴雑草にライムギを持ち，弥生文化の基盤になったとされる照葉樹林文化とは無縁であっても，縄文の落葉樹林帯に流入した可能性はあろう。また，ソバも中国では文献に現われるのが6世紀以降であり，少なくとも中原に登場したのは他の穀物よりはるかに遅いと考えられるから，縄文時代出土のものは夏作ムギと同様のルートにのった北方作物と考えた方がよいだろう。

こう考えると，弥生時代のムギに直接関係するものは，縄文晩期前半の熊本県上ノ原遺跡のオオムギを初現とし，佐賀県菜畑遺跡の夜臼期のオオムギ（プラント・オパール），福岡県夜臼遺跡の板付Ⅰ式土器に付されたオオムギの圧痕などが古い資料である。

中国でも古代のムギ作はオオムギを主体とし，「小麦」の字は漢代になって出現している。もちろん資料的には安徽省大鎮敦遺跡（青蓮崗文化）での大量のコムギの出土があるわけだが，オオムギがコムギよりも栽培と収穫が容易であること[5]は，日本での両者の出土比率にもあらわれていると考えてよいだろう。また，雲南から北回りで朝鮮半島に達したと考えられるエンバクが長崎県笶遺跡の晩期前半（？）にみられることもじつに興味深い。

さて，弥生前期のムギ出土例9例はいずれも福岡・山口県のいわゆる玄海灘沿岸と周防灘沿岸地域で出土している。ところが，中期後半とくに後期になると出土例がなく，変じて東方での出土例がめだってくるのはミレットと同様の現象といえる。後期終末以降に熊本，大分，山口各県に1例ずつがみられるが，これらは火山灰や石灰岩基盤の高燥地帯であることは注意すべきである。また，後期以降は近畿や東海地方でも出土例が減少していることも示唆に富んでいる。

**マメ類** マメ類栽培の起源や東アジアへの伝播は不明な点が多いが，アズキは照葉樹林帯が，リョクトウはインドが原産地と考えられている。また，両者の種子の区別はきわめて困難で，弥生時代出土のアズキの多くは栽培が容易で収穫量のみこめるリョクトウであったとする見解もある[6]。これに対して，ダイズは東アジアのツルマメが祖先種と考えられ，中国東北部で栽培されたとする考えと照葉樹林帯起源説とがあるが，中国で周にダイズを表わす「叔」の象形文字が存在すること

表1 縄文・弥生時代の穀物資料

| | | 九　　州 | 西　日　本 | 東　日　本 |
|---|---|---|---|---|
| 縄文時代 | 後期後半以前 | 熊本・古閑原（コメ）？ | 福井・鳥浜（リョクトウ）<br><br>鳥取・桂見（リョクトウ？） | 北海道・はまなす野（ソバ）<br>長野・大石（エゴマ）<br>長野・荒神山（エゴマ）<br>長野・月見松（エゴマ）<br>長野・曽利（エゴマ）<br>長野・上前尾（エゴマ）<br>岐阜・ツルネ（オオムギ，エンドウ or ダイズ）？<br>長野・伴野原（リョクトウ）<br>埼玉・上野（オオムギ）<br>岐阜・桜胴（リョクトウ）<br>神奈川・ナスナ原（エゴマ） |
| | 後期後半～晩期前半 | 福岡・四箇A（オオムギ，アズキ？）<br>福岡・広田（アズキ or リョクトウ）<br>福岡・板付（ヒエ〈P〉）<br>福岡・四箇東（コメ〈P〉，ムギ〈P〉）<br>熊本・東鍋田（コメ〈P〉）？<br>宮崎・陣内（ヒエ〈P〉）<br>長崎・小原下（コメ）<br>長崎・筏（コメ，エンバク）<br>大分・大石（コメ，アワ？）？<br>熊本・上ノ原（コメ，オオムギ，マメ類，ソバ〈P〉）<br>熊本・ワクド石（コメ？）<br>熊本・古閑原（コメ）<br>長崎・百花台（コメ）<br>長崎・礫石原（コメ） | | 青森・石亀（ソバ〈P〉）<br><br>北海道・東風泊（ソバ〈P〉） |
| | 晩期後半 | 佐賀・菜畑（コメ，アワ，アズキ）<br>長崎・山ノ寺（コメ）<br>福岡・曲田（コメ）<br>大分・恵良原（コメ）？<br>大分・荻原（コメ）<br>佐賀・菜畑（オオムギ〈P〉）<br>佐賀・宇木汲田（コメ）<br>福岡・板付（コメ，ソバ〈P〉）<br>佐賀・田端（コメ）<br>長崎・原山（コメ）<br>長崎・脇岬（オオムギ）<br>佐賀・丸山（コメ） | 兵庫・口酒井穴森（コメ）<br>大阪・鬼塚（コメ）<br>鳥取・青木（ヒエ，キビ）<br>広島・帝釈峡名越岩陰（コメ）<br>兵庫・今宿丁田（コメ）<br>兵庫・岸（コメ）<br>大阪・四ツ池（コメ）<br>京都・京大構内（コメ）<br>大阪・長原（コメ）<br>大阪・久宝寺（コメ） | 岩手・九年橋（ソバ〈P〉）<br><br><br><br><br>埼玉・真福寺（ヒエ，リョクトウ，ソバ，ゴマ）？<br><br>青森・亀ケ岡（コメ）？<br><br>千葉・荒海（コメ） |
| 弥生時代 | 前期 | 福岡・夜臼（オオムギ）<br>佐賀・菜畑（ソバ〈P〉）<br>福岡・板付（アズキ，コムギ〈P〉）<br>福岡・津古内畑（マメ類）<br>福岡・剣崎（アズキ？）<br>福岡・門田（ムギ，マメ類）<br>福岡・諸岡（オオムギ，モロコシ，アズキ？）<br>福岡・犀川（コムギ）<br>福岡・須川（オオムギ）<br>福岡・立岩（アワ）<br>福岡・松ケ迫（マメ類）<br>山口・綾羅木（キビ，モロコシ，コムギ，アズキ？）<br>山口・下東（アズキ，エゴマ）<br>山口・宮原（オオムギ，コムギ，ダイズ）<br>山口・無田（オオムギ，コムギ，アズキ）<br>山口・辻（マメ類） | 岡山・津島（ヒエ）<br>島根・タテチョウ（ソバ）<br><br>広島・亀山（ヒエ）<br><br>三重・納所（ソバ） | 青森・剣吉荒町（コメ）<br>青森・是川中居（コメ）<br>青森・是川堀田（コメ）<br>青森・砂沢（コメ） |
| | 中期 | 長崎・里田原（マメ類）<br>福岡・種畜場（マメ類）<br>福岡・横隈山（アワ，アズキ）<br>福岡・馬場山（マメ類）<br>大分・下城（オオムギ）<br>大分・台ノ原（アズキ）<br>山口・岡山（ダイズ，アズキ，リョクトウ）<br>山口・天王（ダイズ，アズキ）<br>長崎・原ノ辻（オオムギ，コムギ）<br>福岡・板付（マメ類）<br>福岡・四箇（ハトムギ？）<br>福岡・小田（マメ類） | 愛媛・土居窪（ムギ，ササゲ）<br>大阪・池上（ムギ）<br>愛知・新田（コムギ？）<br>岡山・南方（ムギ）<br>大阪・池上（マメ類）<br>大阪・亀井（アズキ，マメ類，エゴマ）<br>和歌山・太田黒田（アズキ）<br>愛知・篠束（コムギ？）<br>香川・紫雲出（ヒエ，アワ，キビのいずれか）<br>徳島・昼間土取（アズキ？）<br>大阪・瓜生堂（アズキ？）<br>大阪・田口山（エンドウ？）<br>三重・納所（ヒエ） | 千葉・城の腰（アワ） |

|  |  | 九　州 | 西　日　本 | 東　日　本 |
|---|---|---|---|---|
| 弥生時代 | 後期 |  | 岡山・桃山（キビ）<br>大阪・芝谷（アワ，ヒエ）<br>奈良・鴨都波（ゴマ）<br><br>大阪・池上（マメ類）<br>愛知・朝日（アズキ？）<br><br>岡山・川入（アワ）<br><br>愛知・宮西（アワ） | 静岡・伊場（ダイズ）<br>静岡・滝川（ダイズ，アズキ or リョクトウ）<br>静岡・登呂（ヒエ，アズキ）<br>群馬・日高（ヒエ）<br>群馬・八崎（ダイズ，アズキ？）<br>静岡・山木（ヒエ，ソバ）<br><br>東京・甲の原（オオムギ，コムギ，ダイズ）<br>長野・高松原（コムギ，アワ or ヒエ）<br>長野・橋原（アワ，ヒエ，ムギ？）<br>福島・天王山（アワ）<br>東京・原屋敷（ヒエ） |
| 古墳時代 | 前期初頭 | 熊本・古閑原（オオムギ）<br><br>大分・二本木（アズキ）<br>大分・安国寺（オオムギ）<br>山口・北迫（エンドウ？）<br>山口・岡原（オオムギ，ヒエ，エンドウ，ソラマメ） | 大阪・瓜生堂（ソバ）<br>大阪・四ツ池（マメ類）<br>奈良・纒向（アズキ？）<br>奈良・矢部（ダイズ，アズキ）？<br>奈良・大西（ソラマメ） | 石川・猫橋（アワ）<br>新潟・千種（マメ類，ゴマ）<br>千葉・阿玉台北（ダイズ？） |

*　東北地方の初期の例を除いて，弥生時代以降のコメ資料は割愛した。
**　種子資料は太字，土器片などの圧痕資料は明朝体，花粉やプラント・オパール分析資料は〈P〉で示した。
***　種などの不確実資料は（？）を，出土状況など時期的な不確実資料は（　）外に？を付した。

を考えれば，おそくとも紀元前7〜11世紀には栽培が行なわれていた[7]。朝鮮半島北部でも無文土器文化初期にはダイズとアズキがすでに知られている。

わが国では周知のとおり，リョクトウの出土例が古く福井県鳥浜遺跡の縄文前期に溯るが，弥生時代との系譜は明らかでない。九州では縄文後期後半以降にアズキまたはリョクトウと考えられる資料があるが，品種上，ダイズやアズキを確実に確認しうるのは弥生時代前期以降である。

弥生時代前期，マメ類の出土が報じられているのはやはり福岡・山口県に限られる。福岡県門田(もんでん)遺跡では板付II式の10基の袋状貯蔵穴から炭化米とともに大量のマメが出土しているし，福岡県馬場山遺跡（城ノ越式）や山口県宮原遺跡（綾羅木II式）の多くの貯蔵穴でもコメとマメ（ダイズ）が共伴している。この地域では中期前半までひきつづき出土例が認められるものの，後半から後期にかけては検出例を知らない。これに対応して東方地域で出土例が散見されるのもミレットやムギと同様であろう。群馬県八崎遺跡では樽式（古）期の住居跡から出土した大形広口壺に大量のアズキらしいマメが収蔵されていたほか，柱穴からダイズも出土しており，後期以降の東日本でのさかんなマメ類利用の姿を教えてくれる。

以上，弥生時代の穀類・マメ類の分布状況をみるとじつに興味あることがわかる。つまり，前期では福岡県から山口県にかけての海岸部に集中して分布していたものが，中期前半には東海地方に及び，中期後半を契機に逆転し，後期には東日本

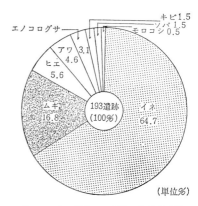

図2　イネと雑穀・ムギ類の出土遺跡比

で卓越するという事実である。この傾向はたしかに各地域で調査される遺跡の時代的多寡を反映していることは無視できないがやはり，栽培が東方指向で定着していく点は見逃せない。あるいは地形的に，火山灰台地や山地の遺跡に採用されていく点も留意せねばならない。とくに，前期例の集中する玄海灘沿岸から周防灘沿岸地域は私たちが「穀物センター」[8]と呼んだわが国の水稲農耕の原波及地域でもあり，これらの穀物類がすでに縄文晩期前半以前の第I期波及期に流入したとはいえ，第II期の，水稲農耕とセットとしてその後東方へ波及した意味は大きい。ただ，以上のような観点からみれば，穀物センターとその周辺の水田地帯ではイネの選択が早い段階に行なわれ，近畿を中心とした西日本では共存しつつも，遅くとも後期には，イネへの依存がより大きくなった。これに対して東日本では弥生時代（おそらく古墳時代以降も）を通じて，ミレット，ムギ，マメといった

26

表 2 コメ(左)と他の穀物，マメ(右)の出土遺跡比

|  | 九 州 | 西日本 | 東日本 |
|---|---|---|---|
| 前　　期 | 15：16 | 10：4 | 1：0 |
| 中　　期 | 13：12 | 19：12 | 4：1 |
| 後　期<br>〜古墳時代初頭 | 14：5 | 32：11 | 20：14 |

＊ 種類による重複はさけて換算してある

畑作穀物の比重はイネと変わらず高かったものと考えられる。このことは各時期のコメとこれら畑作物の出土遺跡を機械的に数字で比較した場合でもあきらかであろう（表2参照）。また，このことは単に地域的な問題に留まらず，平野部と山間部といった立地環境の関係でもあることはさきにふれたとおりである。

（2） ウリ科植物と果樹の栽培

弥生時代にみられる畑作物で，穀類・マメ類と同様にさかんに栽培された形跡のあるものにウリ科植物と果実類がある。

メロン仲間　マクワウリの原産地は中近東，中国，インドなどと各説あるが，日本へ渡来した初期の Cucumis melo は種々雑多なウリからなる混合集団的なものであったといわれる。大阪府池上(いけがみ)遺跡では，小型種の雑草メロンは時期をおって減少する傾向にあり，中期後半には大型種のマクワウリが普遍化することが報告された[8]。大型種がこの時期にもたらされた可能性もあるが，後述するようにむしろ弥生人が大型化を指向した栽培技術上の進展とみたい。

Cucumis melo のわが国最古の例は佐賀県菜畑遺跡の晩期後半（山ノ寺式）のもので，水稲農耕に伴って朝鮮半島よりもたらされたと考えられる。九州ではさきの「穀物センター」に数例が認められるものの，穀類に比べて，むしろ近畿およびその周辺での出土例がめだつ。こうした傾向は中期以降にもみられ，近畿地方を中心に瀬戸内海沿岸地域，東海地方に散見される。

ヒョウタン仲間　ヒョウタンの他にユウガオ・フクベなどを包括する。西アフリカ原産とされるヒョウタンは紀元前7〜8000年頃には中国南部に達したと考えられているが，日本にはリョクトウとともに将来された可能性が高い。わが国では福井県鳥浜遺跡（縄文早・前期）を最古例とするが，散見されだすのは晩期後半以降であろう。ヒョウタンは容器としての利用が大きいものの果肉を熱処理すれば食用として利用できる点でメロン仲間におとらない有効性をもっている。時期をおった分布状況もメロン仲間と同様である。

ウリ科の畑作物として他にカボチャとスイカがある。日本での栽培は，カボチャの場合，天文10(1541)年が文献上の初見とされるなど共に新しい畑作物と考えられている[9]が，再検討の余地はあろう。中期以降の近畿・瀬戸内地域に散見する。

果実類　温帯性果樹類は西部原生種群と東部原生種群の大きく二つに分かれるが，弥生時代に出土する果樹はすべて後者に属し，モモは黄河上流の高原地帯，カキは長江流域，アンズ・ウメも中国北部が原産地と考えられている[4]。

果実類のなかで検出率の最も高いのがモモである。その件数は95遺跡に達し，イネ，ドングリ類につづいて第3位を占めている。したがって，最も栽培頻度の高かったのがモモであったと考えられるが，それが食用のみを対象にしたものかは検討を要しよう。というのは，モモは，『古事記』の黄泉比良坂の説話や，法隆寺金堂柱内に封入してあった穿孔ある桃核資料などにも影響を与えているごとく，そもそも当の中国では凶邪不祥を祓う呪物として周代の追儺思想の形成に伴って中原にもたらされた[10]。弥生時代には桃核に穿孔を施し，ペンダント様にして用いたり，仁の摘出を行なったらしい痕跡も認められるから，弥生時代のモモの栽培が，こうした思想的要素をも背景としてさかんに導入された一面は注意しておかなければならない。

さて，これらの果樹類はすべて西日本の前期段階に出揃う。最近，長崎県伊木力(いきりき)遺跡で縄文前期・轟式単純層からモモの核2点が検出された[11]が，遺跡の位置や曽畑〜轟期の大陸との交流を背景に考えれば，日本での栽培をとくに考える必要はない。一連の果樹の栽培はやはり，水稲農耕に伴って縄文晩期後半（山ノ寺期）に将来されたと考えるべきであろう。中期以降の出土状況はウリ科植物のそれと同様のあり方を示しているといえよう。

こうしてみると，ウリ科植物や果実類の栽培状況は，さきの穀物やマメ類とはまたちがったあり方を示していることがわかる。巨視的にみれば，これらの作物の流入が水稲農耕に伴ってまず「穀物センター」にもたらされたとはいえ，文字どおりそこはウリや果実などの畑作物の十分な温床と

表3 縄文・弥生時代の畑作物資料

| | | 九　　州 | 西　日　本 | 東　日　本 |
|---|---|---|---|---|
| 縄文時代 | 後期後半以前 | 長崎・伊木力（P） | 福井・鳥浜（L，ゴボウ，アサ） | 千葉・大坪（L） |
| | 後期後半～晩期前半 | 福岡・四箇A（L） | | 千葉・多古田（L）<br><br>千葉・余山（アサ） |
| | 晩期後半 | 佐賀・菜畑（M，シソ，ゴボウ）<br>福岡・板付（L）<br>佐賀・菜畑（L） | | 埼玉・真福寺（M，L）？ |
| 弥生時代 | 前期 | 佐賀・菜畑（P，アサ）<br>福岡・板付（M，L）<br>福岡・板付（M，P）<br>山口・下東（M，L，カキ）<br>山口・綾羅木（P，ウメ）<br>山口・岩田（P，ウメ） | 岡山・津島（P）<br>島根・タテチョウ（M，P，L，スモモ，シソ）<br>兵庫・上ノ島（M，P，L，スイカ）<br>奈良・唐古（M，P，L）<br>大阪・鬼虎川（L）<br>香川・行末（P）<br>兵庫・松ケ崎（P，ウメ）<br>三重・上箕田（M，L，P，アサ） | |
| | 中期 | 長崎・里田原（M，P，L）<br>福岡・東町（L，アサ）<br><br><br>福岡・板付（M，L，P，シソ）<br>福岡・四箇（P） | 愛媛・土居窪（P，L）<br>岡山・雄町（M，L，スイカ，シソ）<br>大阪・鬼虎川（M，L，P）<br>大阪・池上（M，L，P，スイカ，カキ，シソ）<br>奈良・新沢一（P）<br>京都・森本（L，P）<br>大阪・四ツ池（M，L，P，スモモ）<br>京都・深草（P）<br>愛知・新田（M，L）<br>愛知・瓜郷（M，P，カキ）<br>香川・紫雲出（P）<br>岡山・惣図（P）<br>岡山・用木山（P）<br>大阪・瓜生堂（M，L，P，カボチャ）<br>大阪・池上（M，L，P，シソ）<br>大阪・亀井（M，L，P）<br>奈良・唐古（M，L）<br>滋賀・長沢（P）<br>三重・納所（M，L，P，スモモ，シソ，アサ）<br>大阪・下池田（L） | 秋田・横長根A（M，シソ）<br>千葉・城の腰（P）<br>神奈川・清水場（P）<br>宮城・富沢（P，ウメ？）<br><br>静岡・沢田（M，L，P，カキ）<br>静岡・宮下（P） |
| | 後期 | 福岡・板付（M，スモモ）<br><br><br><br><br><br><br><br><br><br>福岡・門田（P，スモモ）<br>福岡・湯納（M，L，P，スモモ）<br>福岡・辻田（L，P）<br>熊本・古閑原（P） | 愛媛・八堂山（P）<br>香川・葛谷（P）<br>徳島・大柿（P）<br>兵庫・会下山（P）<br>奈良・唐古（M，L，P，シソ）<br>奈良・鴨都波（M，L，P）<br>奈良・高塚（P，ウメ）<br>愛知・朝日（M，L，P）<br>鳥取・遠藤谷峯（P）<br>大阪・池上（M，L，P，カキ）<br>大阪・亀井（M，L，P）<br>広島・畳谷（P，カキ）<br>鳥取・青木（P）<br>岡山・上東（カラムシ）<br>兵庫・田能（P）<br>京都・大籔（P）<br>大阪・中田（L，P）<br>奈良・新沢一（M，P）<br>香川・加藤（P） | 静岡・伊場（M，L，P）<br>静岡・稲ケ谷（P）<br>静岡・登呂（M，L，P，ナシ）<br>静岡・山木（M，L，P）<br>群馬・日高（M，L，P）<br>静岡・八兵衛（P）<br>東京・甲の原（カキ）<br>石川・寺家（P）<br>長野・高松原（P）<br>静岡・北神馬土手（P）<br>東京・鞍骨山（P） |
| 古墳時代 | 前期初頭 | 大分・小園（P）<br>大分・ネギノ（P）<br>大分・安国寺（M，P，カボチャ，カキ）<br>山口・吹越（P，ウメ） | 高知・ヒビノキ（P）<br>岡山・上東（M，L，P，スイカ，カキ）<br>岡山・雄町（M，P，シソ）<br>鳥取・長瀬高浜（P）<br>兵庫・弥布ケ森（M，L，P）<br>兵庫・川島（P，スモモ）<br>兵庫・権現（M，L）<br>兵庫・下坂部（P）<br>大阪・西岩田（P） | 石川・猫橋（M，P，ウメ，スイカ）<br>石川・塚崎（P）<br>新潟・千種（M，L，P，カボチャ） |

|   |   | 九　　州 | 西　日　本 | 東　日　本 |
|---|---|---|---|---|
| 古墳時代 | 前期初頭 |  | 大阪・船橋（M, P）<br>大阪・亀井（M, L, P, スモモ）<br>和歌山・井辺（M, P）<br>和歌山・笠嶋（M, P）<br>奈良・纏向（M, L, P）<br>奈良・大西（M, L, P, ウメ, スモモ, カキ）<br>滋賀・鴨田（P）<br>三重・納所（P）<br>愛知・苗代（M, L）<br>愛知・南木戸（M, L）<br>愛知・伊保（M, L, P, ウメ）<br>三重・北堀池（M, P, アサ） |  |

\* Mはマクワウリなどのメロン仲間，Lはヒョウタン仲間，Pはモモを表わす。

はなりえなかったのではあるまいか。むしろ，それを達成したのはより東方の地域，とりわけ畿内とその周辺地域であった。資料的にみれば，出土例が時間的にも充溢しているこの地域では前期後半以降，これら作物の栽培がかなり計画的になされた可能性があり，さきにふれた大阪府池上遺跡での Cucumis melo の大型化（中期後半）や，あるいは奈良県唐古遺跡の大型桃核の存在（後期初頭）などは，その技術的改良をも彷彿させるものがある。

この他，資料的には稀薄だがゴマ，エゴマ，シソ，アサ，カラムシ，ゴボウなどが知られる。ウリや果実と同じ分布状況にあるようだ。

## 2 畑作遺構

近年のあいつぐ水田跡の発見にくらべると，畑作遺構を調査によって検出することはより困難を伴う。ここではその可能性を含めていくつかを紹介しておくにとどめたい。

弥生時代の畑作遺構が最初に注目されたのはおそらく静岡県目黒身遺跡である[12]。集落に接する台地西縁辺部の約 100 m² ほどの範囲に帯状に営まれたもので，幅 40～50 cm，長さ 4 m ほどの「畝」状の高まりが，30～80 cm 間隔で 17 本検出された。この遺構は住居跡との切り合いなどから，後期中葉（目黒身式）と考えられており，西側の低地に存在すると考えられる水田との間に営まれた畑地であったのだろう。

群馬県小八木遺跡では，やはり住居跡群から微低地の水田跡にむかう台地縁辺の約 300 m² にわたって帯状に畝状遺構が検出されている。樽式土器の出土と浅間C軽石層の降下によって弥生後期末ないし古墳時代初頭と考えられている[13]。

古墳時代以降中世にかけては東日本を中心に畑作遺構が散見され，群馬県芦田貝戸遺跡では 6 世紀前半の畝上面に炭化物を含む凹凸が無数検出され，畝方向にいくつかのグループが存在するなどさらに進展した様相をみせている。また，福岡県那珂君休遺跡の中世水田跡では水田の一区画のみに畝状遺構が検出され，裏作に畑作が行なわれていたものと考えられるが，これらとの形状の類似点から考えても，弥生時代の畝状遺構は畑地と考えてよかろう。

また，佐賀県菜畑遺跡の縄文晩期後半（山ノ寺式）段階の水田では，水田雑草よりも畑雑草が卓越するようであり，畑作物を主とする水陸未化稲の可能性が示唆されている[14]。さらに，福岡県板付遺跡の板付I式期の水田跡でも花粉分析結果から付近にコムギ畑が存在したとされている。た

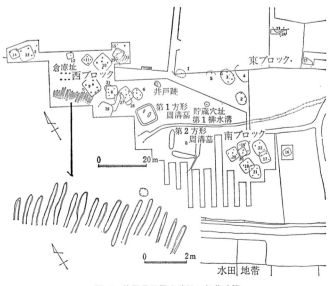

図 3　静岡県目黒身遺跡の畑作遺構

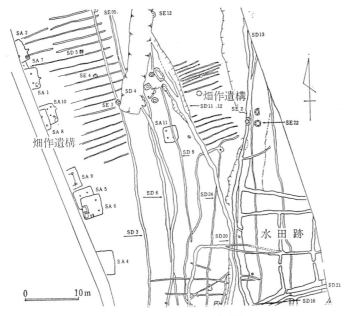

図4　群馬県小八木遺跡の畑作遺構

だ，現在までに検出された畑作遺構はいずれも小規模で水田に付随する形で集落近傍につくられたものである。しかし，たとえば山口県綾羅木遺跡では畑作穀物用の収穫具と考えられる大量の磨製石鎌が出土し[15]，アワ，キビ，モロコシなど出土遺体にみられる穀物がかなり広範囲に栽培されていた状況は想像に難くない。今後，とくにこのような台地地帯の遺跡を精査すれば，水田に匹敵するような大規模な畑作遺構が検出されること必至であろう。

## 3　畑作物のしめる位置

このように，判明しただけでも弥生時代には多くの畑作物が存在したことがわかった。それは，イネばかりが強調されがちであった弥生農業の本来の姿ではあったのだ。

とくに畑作穀物は堅果類とともに，コメの自給量との相対的なかかわりの中に大きな意味をもっていたといえる。私たちはかつて，弥生時代におけるコメの反あたり生産量を，奈良時代から近世に至る文献資料からの逆算，東アジア諸地域の原始的な稲作収量との比較，稲穂などの遺存体資料と実験的データの3方法からの復元によって，各時期の水田環境の差を考慮しつつ，前期で反あたり2斗～5斗（約30～60 kg），中期でも7斗ぐらい（約90 kg）まで，後期以降になってようやく8斗（約100 kg）を越える高生産の水田も実現しえ

た可能性を試算した[3]。また，出土炭化米の中には菜畑遺跡の縄文晩期後半で10%，綾羅木遺跡の弥生前期後半で27%，池上遺跡の中期前半で22%，中期中葉で43%，中期後半で29%の未成熟米を含むなど，初期水稲農耕の技術的な困難性をも示唆している。そこからはとうてい，弥生時代を通じて，かつて想定されていたような甑による蒸した強飯の常食などは考えられないことが理解でき，いわば「ハレ」の日を除いた普遍的な主食は汁粥や粥状のカテめしであったことが想像される。とくに，1日の消費量が1合にも及ばなかったであろう中期や，その1/10程度の消費量しか期待しえなかった前期段階では，むしろコメ以外のデンプン質食料の比率の方がはるかにまさっていたと言うべきである。さきに紹介したような住居跡床面からコメとともに検出されるミレット粒や土器に内蔵されたアワ・ヒエの例，甕にコメと混じて付着したアワ，そしてドングリ・ピットの存在などはこうした状況を如実に物語っている。

こうしてみると穀物遺体の出土状況は，コメへの依存率とも一定の関係をもつことが考えられる。つまり，おおむねさきの穀物センターなどは中期以降コメへの依存を徐々に達成していった地域であったろうし，畿内を中心とした西日本も後期にはそうした方向にむかったと考えられる。これに対して中部・関東以東では概して弥生時代を通じて畑作穀類への依存が大きかったのではないかと思われる。それは東日本や火山灰土壌地帯が今なお畑作穀物の栽培の姿を残していることの原

図5　山口県綾羅木遺跡の立地と景観

形であるようにも思われるのである。

　一方，畑作穀物類がわが国の弥生時代以降，コメの生産量を補うといった補完的な方向に位置づけられるのとはちがって，ウリ科植物や果実類はたとえそれが救荒的な意義をもつとはいえ，きわめて弥生人の食生活を豊かにするものとなった。この点で，ウリ科植物や果樹の栽培を積極的に行なったであろう前期後半以降の畿内を中心とする諸地域は評価すべきものがある。私はその背景には微高地型の水田の展開[16]や，農業生産の労働量と消費面における世帯共同体の自立性の強さが大きく反影しているものと考えているが，詳述はひかえよう。

×　　×　　×

　以上，実際の畑作物遺体を中心に弥生時代畑作農耕が水稲農耕を基盤とする食生活あるいは社会の中ではたした意味を述べてきた。しかし，畑作農耕の復元は一方では，火山灰台地地帯や山岳地帯に焦点をすえ，畑作用生産具のセットと機能をも考慮しつつ考えていかねばならない面をももっている。だがすでに与えられた紙幅を越え，それのなしえないのを遺憾とするが，この点は後日を期したい[17]。

註
1) 佐々木高明「東アジアにおける水田稲作の形成」『日本農耕文化の源流』所収，1983
2) 坪井洋文『イモと日本人』未来社，1979
3) 寺沢薫・寺沢知子「弥生時代植物質食料の基礎的研究」橿原考古学研究所紀要，5，1981
　　なお，私はそこでわが国への初期農耕の将来と波及を，（1）玄海灘沿岸からとりわけ有明海沿岸地域にかけて将来された晩期前半以前の水陸未化稲＋ムギ類を中心とした段階〔第Ⅰ期〕，（2）玄海灘沿岸に流入した晩期後半の水稲＋ミレット・ムギ類＋マメ類＋果実類がセットで波及した段階〔第Ⅱ期〕，（3）板付Ⅰ式期における「穀物センター」の確立と水稲の西日本への伝播段階〔第Ⅲ期〕，（4）板付Ⅱ式期における「穀物センター」の拡大と水稲の西日本への面的波及と東北地方に至るまでの伝播段階〔第Ⅳ期〕と考えている。
4) 中尾佐助『栽培植物と農耕の起源』岩波書店，1966
5) 中尾佐助『料理の起源』日本放送出版協会，1972
6) 森浩一編「シンポジウム原始・古代の農耕をめぐって」古代学研究，74，1974 の嵐嘉一氏発言。
7) 渡部忠世『作物生産に関する境界領域分野の総合的研究』1975
8) 藤下典之「池上遺跡より出土した *Cucumis melo* の種子について」『池上・四ツ池遺跡』6 所収，大阪文化財センター，1980
9) 木原均・盛永俊太郎ほか『黎明期日本の生物史』養賢堂，1972
10) 水上静夫『中国古代の植物学の研究』角川書店，1977
11) 粉川昭平（大阪市立大学），松藤和人（同志社大学）両氏のご教示による。
12) 小野真一編『目黒身』沼津考古学研究所，1970
13) 横倉興一編『小八木遺跡調査報告書（Ⅰ）』高崎市教育委員会，1979
14) 笠原安夫「菜畑遺跡の埋蔵種実の分析・同定研究」『菜畑遺跡』所収，唐津市教育委員会，1982
15) 甲元真之「磨製石鎌についての二・三の問題」『綾羅木郷遺跡』Ⅰ所収，下関市教育委員会，1981
16) 私は，弥生時代の水田を立地条件と造田技術から（1）微高地型，（2）微低地型，（3）谷口微低地型，（4）低地大型，（5）低地小型に分けて考えている。
　　現在検出されている畑作遺構はいずれも（1）あるいは（1）から（2）への変換地点で検出されており，集落に付随する小規模な畑は微地形の水田に伴うことが知られる。この点で，岡山県百間川遺跡の「島状高まり」は水田造成時の産物とはいえ，果樹栽培や小規模な畑として利用された可能性もあり，現在の「グロ」に似た水田内の部分的な畑地の原初形態と考えられる点で注目すべき遺構である。
17) 紙幅のつごう上，畑作物の出土に関する出典はすべて割愛し，註3）文献に委ねたのでご了解願いたい。なお，水稲農耕全般のなかでの畑作の位置づけは，近く刊行が予定されている『日本の古代』4巻（中央公論社）でふれているので併読いただければ幸いである。

# 堅 果 類

名古屋大学助教授
■ 渡辺 誠
（わたなべ・まこと）

縄文時代の主食であった堅果類はコメを作るようになった弥生
以降も，その低生産力の補いとして重要な役割を果たしていた

## 1 弥生時代と堅果類

縄文時代の重要な主食であった堅果類は，水稲が普及した弥生時代になっても重要な食料資源であったし，近・現代に至っても救慌食料などとして，重要な位置を占めていたのである。

一般的にいわれているほど，トチやドングリ類などの堅果類は弥生時代になって，急速にその役割を失ってしまってはいないのである。はじめにまずこのことを強調しておきたい。

しかしコメの出現によって，伝統的な堅果類が大きな変化を受けたことも事実である。堅果類の歴史の第一の転機であったこともまた確かなことであり，具体的には次の諸点が指摘できる。

1. 主食の座をコメに譲ったこと。
2. しかし消滅はせず，逆にコメの不足を補う役割を果たすようになったこと。
3. コメとの関係において，新しい食品形態を形成したこと。

## 2 ドングリ食の変遷

本稿では，主食として重要な位置を占めていたドングリ類やトチのみに限定して検討することにする。

このうちトチは必ずアク抜きをしないと食べられないのであるが，ドングリ類はアク抜きを必要としない種類も含まれていて，表1のように分類することができる。

したがってその変遷においても，トチよりもバラエティーに富むのであるから，はじめにドングリ類から検討することにする。

アク抜き技術の開発について，筆者は従来慎重を期してその上限を縄文前期としていたが，最近では土器の起源そのものを，アク抜き技術との関係において理解しようと考えるようになった。すなわち縄文時代の開始期からアク抜きを必要とする種類まで食べていたと考えることが，具体的な資料の集積によって可能になってきたとみられるのである。

したがって焼くなどしてでだけ食べられるシイ類などは，先行する旧石器時代にすでに食べられていた可能性を生じるのであるが，目下のところ旧石器時代の遺跡から，それらの遺体が検出されたことはない。そしてまだ寒冷気候が支配し，照葉樹林帯が南下していたその段階にあっては，仮に食べていたとしても，沖縄地方などの限られた地域においてのみであったであろう。

土器の起源とアク抜きの関係を意識せざるを得なくなったのは，縄文草創期の隆帯文土器段階に属する，鹿児島県志布志町東黒土田遺跡の貯蔵穴より出土したドングリ類を手がけてからである。

これはカシ類のなかで唯一例外的にアク抜きの

表1 ドングリ類の分類

| 民俗分類 | 属 | | 種（出土例） | 民俗調査例のあるもの | 森林帯 | 他の堅果類 |
|---|---|---|---|---|---|---|
| A. クヌギ類 アク抜き伝承の途絶えたもの | コナラ亜属 | コナラ属 | | | 落葉広葉樹林帯（東北日本） | クルミ クリ トチノキ |
| B. ナラ類 水さらし+加熱処理 | | | ミズナラ コナラ | ミズナラ コナラ | | |
| C. カシ類 水さらしのみ | アカガシ亜属 | | アカガシ アラカシ | アラカシ・シラカシ・ウラジロガシ オキナワウラジロガシ | 照葉樹林帯（西南日本） | |
| D. シイ類 アク抜き不用 | | | イチイガシ | 同 左 | | |
| | シイノキ属 | | ツブラジイ・スダジイ | 同 左 | | |
| | マテバシイ属 | | マテバシイ | 同 左 | | |

いらない種類のイチイガシとされていたが，粉川昭平教授によりイチイガシ以外のドングリ類であるということが判明した。

また実年代の上で大きな開きはあるが，韓国最古段階の土器を出土している江原道襄陽郡巽陽面繁山里(オサンリ)遺跡の住居址内からも，ドングリ類が出土していることが報告された。緯度の高いこの地域には，現在でもアク抜き不用のドングリ類は生育していないのであるから，ましてやその時期にシイなどのドングリがあったとは考えられず，遺体の形態そのものも，その可能性を否定している。したがって両国ともに土器の出現期にはドングリ類が深くかかわっているとみなされる。

従来アク抜きの上限を縄文前期と推定していたのは，目下のところトチのアク抜きの確実な上限は中期初頭であるが，さらに遡る可能性が強いからなのである。そしてトチのアクはサポニンやアロインといった非水溶性成分であり，水溶性のタンニンをアクの成分とするドングリ類よりははるかにその除去技術は難しいのである。

したがってアク抜き技術の獲得に段階設定も可能なのであり，煮沸によりドングリ類のアク抜きをし始めた縄文草創期，アルカリ（灰）で中和してトチのアク抜きをし始めたとみられる縄文前期，そしてその中間にあって，製粉技術の発達によってより効果的にそれが行なわれるようになった段階などが想定されるのである。

弥生時代の場合は，このアク抜き技術よりも，食料としてのあり方に大きな変化が生じた段階なのである。

## 3 韓国のドングリごはん

コメ以前とコメ以後のドングリ食を民俗資料にもとめると，前者の好例は筆者が京都府舞鶴市大俣において調査したジザイもちであろう（図1）。これは丹後地方においてジザイの実とよばれるカシの実を，アク抜きしてダンゴにしたものである。コナラの実を用いた東北地方のシダミもちも同じようなものらしい。

後者の例は，つい先頃韓国において調査したドングリごはんを紹介することにする。

これは1985年11月11・12日に，大邱市不老洞の鄭太植というおばあさんに食べさせていただいたものである。

材料のドングリは，クヌギ・ナラガシワ・コナ

図1　ジザイもちをセイロで蒸す

ラなどである（図2-1）。これらの皮をとり，ゆすって渋皮をとってから水につける。これを朝晩煮て，その間は水につけておく。はじめは水は赤黒い色であるが，これらを3日間で6度繰り返すと，最後にはきれいになる（同2）。

一方でコメを洗い，ちょっと水につけて同じ軟らかさにしたなかに，ドングリを手で少しつぶしながら混ぜて炊く（同3）。混ぜる量は任意であるが，この時はコメ3にドングリ1の割合であった（同4）。

「朝ごはんは，食べないでおいでよ」，といわれたので，内心やや心配しながら伺ったのであるが，食べてみると実に意外なもので，ポクポクしていて，まるでクリごはんと同じであった。甘みのないクリごはんといった感じであった。

前日の夕方にはドングリもちも食べさせていただいた。この場合のアク抜きも同じであるが，コメはモチゴメを使う。

モチゴメは水で洗い，1時間ぐらい生のままふやかしておく。その後でドングリと混ぜて製粉し（図2-5），ウスのなかでキネでつき，粘りを出す。これをこねてムシキで蒸し，蒸したものにアンを入れてつつみ，ゴマ油を塗るとできあがりである（同6）。

色はきわめて濃いこげ茶色であり，なかのアンが目立たないくらいであったが，アクは完全に抜けていて結構な味であり，続けて4個食べたほどである。

こうしたドングリごはんは，機会がなく食べていないが，日本各地にもみられたのである。

アク抜きのすんだカシの実の粉を，ごはんに混

*33*

1 材料のドングリ

2 アク抜きのすんだドングリ

3 コメと混ぜて炊く

4 ドングリごはん

5 ドングリとモチゴメの粉

6 ドングリもち

図2　韓国のドングリごはんともち

ぜた奈良県吉野地方のカシノコメシや，アク抜きのいらないシイの実を，同様にごはんに混ぜた伊豆七島や沖縄地方のシイメシなどに，その好例をみることができる。

　ドングリばかりでなく，ごはんにはいろいろなものを混ぜて炊いたのであり，味つけのためでなく，主にコメの節約のために混ぜられたものが，ドングリ類などであったのである。こうした補いかたが可能であったからこそ，低生産力段階の水稲栽培が定着して発展できたのであり，食料に不足していたから稲作に飛びついたというような考え方はおかしい。

　また節米のための混炊の習慣は，決して遠い過去の話ではないのであり，敗戦直後でもみられたことである。むしろ白米ばかり食べるようになったのはごく近年のことであり，昭和になってもコメを食べることができず，死の枕辺で竹筒のなかのコメの音を聞くだけの人々のいたことも，忘れてはならないであろう。

　なおクリごはんに代表されるように，混ぜるものがしだいにうまいものにかたよってきたのであり，それに伴ってドングリ類が忘れられてきたこ

とも指摘しておきたい。

こうした混炊は，弥生時代から現代にかけて平面的に減少してきたのではない。近代に至っても頻発した飢饉の時に，人々の生活を支えたのはこれらの堅果類などである。昭和 11 年に東北地方を襲った大飢饉の時の記録には，トチやナラの実で飢えをしのいだ，ただしこれは平素からの常食である，と付記されている地方が少なくないのである。歴史上たびたび繰り返された飢饉を乗り越える時に果たした縄文の伝統が，弥生時代にだけ例外であったはずはないのである。

### 4　トチの実食の変遷

トチの実は，アク抜きさえできればドングリ類よりはうまいものと意識されている。しかしその具体的な食品形態は，現在ではほとんどトチもちのみになっている。これはモチゴメとつきあわせるのであるから，弥生時代以降の食べ方である。

ドングリと同じようにアク抜きをして粉だけをとる方法は，トチのコザワシとよばれ，現在風前の灯のごとく，岐阜県下にのみ伝えられている。

このコザワシとトチもちの他には，トチがゆもあったらしく，『太平記』には吉野に落ちた大塔宮に，アワもちとトチがゆを進めたというくだりがある。こうしたかゆはドングリ類についても想定できることであり，縄文時代にあっても，弥生時代以降の場合でも，そのなかに味つけと増量をかねて，いろいろなものを混炊したことと考えられる。

しかしドングリ類のようにごはんに混ぜて炊かれることがなかったのは，その強いアクのためなのであろう。

先に記したように，トチのアクはサポニンやアロインといった非水溶性成分であるから，アルカリ（灰）で中和して除去しなければならない。

具体的には，灰に熱湯をかけて抽出したアクのなかにつけて除去するのであるが，その技術はきわめて経験を必要とする難しいものであると意識されている。日本の山野の植物には，タケノコなどにみられるように，なんらかのアクが含まれていることが多く，それぞれにアク抜き技術が確立しているのであるが，そのなかにあっても，トチのアク抜きは別格に難しいとされている。

このトチもちのためのアク抜きでは，結果的に粉食になるだけであって，コザワシのように製粉を必須の工程とすることはないのである。そしてこのことは，ドングリ類にもある程度まではあてはまることであり，その結果として，磨石・石皿といった縄文時代を特長づける製粉具が，弥生時代以降急速に減少することになったと考えられる。

### 5　日本の堅果類利用の特長

以上，具体的な資料の羅列を避けて，堅果類とコメとの関係を中心に述べてきたのであるが，最後にこの延長上に日本の堅果類利用の特長についても若干記すこととする。

クルミやカヤのほかに脂肪分の多い種類の少ないことが西洋との大きな違いであり，西洋ではナッツとして，日本では主食として堅果類が利用されてきた，と指摘したのは佐々木高明氏である。これは生態学的背景の差異によるものである。

そして主食として，後にその補いとしての准主食的立場に転じても，韓国のようにはまったく別の副食品として利用することはなかったのである。近年一部の地域に，商業ペースのトチようかんやトチせんべいがみられる程度である。これはおそらくコメ指向の強い日本型農業や，肉食の習慣の有無などと密接な関係があると推定される。

韓国でももちろんドングリごはんなどは過去のものであり，現在もっとも見かけるドングリ食品は，トトリムッとよばれるトウフまたはコンニャク状のものである。これはドングリのアクを抜いた後，さらに澱粉のみをもみ出して，釜で煮てトウフまたはコンニャク状に冷やして固めたものである。残ったかす（炭水化物）は家畜のえさか捨てられてしまう。したがってきわめて目減りが多いのであるが，味はよく，どこの観光地でも食べることができる。

この加工法は，近世初期に高知県下などに伝わったが，極地的な現象にとどまっている。ここに日本人のドングリ類に求めたものがよく反映していると思われるのである。

西洋とばかりではなく，隣国ともまた異なった特長を有しているといえよう。そしてこの特長は，縄文の伝統の上に弥生時代以降に形成されたものなのである。

# 狩猟・漁撈対象物

■ 劔持輝久・西本豊弘
(横須賀市立大津中学校教諭)(国立歴史民俗博物館)
(けんもつ・てるひさ)(にしもと・とよひろ)

弥生時代の狩猟・漁撈対象動物は種類においては縄文時代と
まったく同じだが，内容的にはさまざまな点で異なっていた

　弥生時代の生業といえば，稲作農耕ということになる。狩猟・漁撈・採集活動は農耕の補助的なものと考えられていて，それらの活動について十分な検討が行なわれてきたとはいえない。しかし，最近の発掘調査の増加と，当時の生業への関心をもつ研究者の増加とともに，弥生時代の遺跡でも動物遺体が丁寧に採集されることが多くなった。その結果，弥生時代の狩猟・漁撈活動についてもその一端をうかがえるようになってきた。たとえば，金子浩昌による弥生時代の貝塚と動物遺存体の集成はその成果の一部である[1]。

　しかしながら，弥生時代の狩猟・漁撈については，その実体の把握がようやく緒についたばかりであり，その地域性をはじめとして，農耕との関連など社会全体の枠組の中で考えねばならない問題が多い。ここでは，それらの問題をすべて扱うことはできないので，神奈川県三浦半島の事例を具体的に取り上げて弥生時代の狩猟・漁撈をめぐる二，三の問題点を指摘してみたいと思う。

## 1　三浦半島の弥生時代の狩猟と漁撈

　三浦半島南部には大浦山洞穴，毘沙門洞穴群など弥生時代中・後期以降に利用された洞穴遺跡が多いことはよく知られている。それらは対岸の千葉県側の洞穴遺跡群とともに，東京湾口を漁場として弥生時代以降に漁撈活動が行なわれたことを示している。とくに三浦半島側の諸遺跡は，横須賀考古学会を中心に多くの調査が行なわれ，良好な資料を得ている。そこで，ここでは三浦半島の洞穴群から出土した動物遺存体を具体的な数量によって示すとともに，主な狩猟・漁撈具を図示し，この地域における狩猟・漁撈活動の特徴を縄文時代と比較しつつ考えてみたいと思う。

### （1）狩猟・漁撈の対象動物について

　貝類はアワビ・サザエのほか，イシダタミやスガイなどの小型巻貝が多く出土している。アワビが多く出土する以外，縄文時代中・後期の三浦半島の貝塚と比較して，大きなちがいはない。アワビは最大長が20cm以上のものが多い。長い柄をつけたアワビ鈎や，潜水漁法にたけた海士によって捕られたものと考えられる。

　魚類は縄文時代中・後期の貝塚と同様にクロダイ・マダイが多い。その他，サメ類・ウツボ・カツオが多く出土している。サメ類ではネズミザメやツノザメは海の表層部を泳ぐため，釣漁法のほか，回転銛による漁法も効果を上げていたと思われる。ウツボはウナギと似た習性を持っているため，釣漁法のほか「ド」を使用した漁法も用いられていたのではないだろうか。カツオは毘沙門C洞穴から出土したような擬似針を使用した一本釣が行なわれていたと思われる。また，水温によっては表層を泳ぐため，回転銛による漁法も用いられていたであろう。ハタ・イシダイ・ベラ類・カンダイなどの岩場に棲息する根魚は種類は多いが，ベラ類とカンダイを除いて出土量は少ない。マダイは出土量が一番多い。顎骨の大きさからみて，体長40〜50cmのものが多い。釣漁法が最も効果的である。クロダイはマダイについで出土量が多い。釣漁法が効果的である。

　鳥類は海岸部に棲息または飛来するアホウドリ科・ミズナギドリ科・ウミウなどの海鳥が多く出土している。その多くの種類が冬鳥として三浦半島に渡って来るものである。なお，縄文時代中・後期の貝塚と比較して，鳥の種類と骨の出土量が多いのが弥生時代の洞穴の一つの特色でもある。アホウドリ科の長い骨は刺突具などの骨器として利用されている。

　哺乳類はニホンジカ・イノシシが比較的多く出土している。ニホンジカは四肢骨をはじめ各部の骨が出土している。また，落角も多い。顎骨臼歯の萌出や磨耗の状態からみて，比較的若い個体が多く捕られている。イノシシはニホンジカについで出土量が多い。ニホンジカと同様に若い個体を多く捕っており，ウリンボウと呼ばれるものも認められる。また，雌獣の骨も出土している。

## （2） 狩猟・漁撈用具について

**釣　針**　未製品も含めて15点以上出土している。毘沙門B洞穴の鉄製・青銅製のもの以外はすべて鹿角製である。形態的には三つのタイプがある。①軸頂部に糸掛けのあるもの。②毘沙門B洞穴の鉄製釣針のように，軸頂部が細まったもの。③向ヶ崎B洞穴のように目釘孔をもった組合せ式のもの。①のタイプの釣針は三浦半島の縄文時代中・後期の釣針と比較して，軸がまっすぐなものや，軸の長さに対して，ふところの幅の狭いものが多いなどのちがいがある。この形態のちがいは，釣針の製作用具や製作過程の違いによるものと考えられる。②のタイプの釣針はこれとほぼ同じものが三浦半島の古墳時代の島ヶ崎横穴などから出土している。釣針の軸の細くなった部分を鹿角などに植え込み，フグの皮や鳥の羽毛を巻きつけ，カツオ釣などの擬似針として使用したものであろう。③のタイプの釣針も縄文時代にはなく，弥生時代になって初めて出現する。三浦半島の古墳時代の鴨居八幡社貝塚などから，柄と釣針がセットで出土している。使用法については，②のタイプと同様と思われる。

**銛　頭**　9点出土している。三浦半島の縄文時代の貝塚からは出土していない。先端を単に尖らせたものと，先端に鏃を着装するものとの2つのタイプがある。両方とも製作技術は，縄文時代に回転銛の発達した東北地方の流れをくむものと思われる。

**ヤ　ス**　漁撈用具のなかでは一番多く出土している。材質は鹿角・獣骨である。アワビオコシは毘沙門C洞穴などから出土している。鹿角を斜めに切り削ったものである。アワビオコシは三浦半島の縄文時代の貝塚からは出土していないが，福島県の綱取C地点貝塚などから出土している。アワビ鈎は上ノ台遺跡から鉄製のものが1点出土している。石錘は大浦山・雨崎洞穴で各1点，土錘は赤坂遺跡から土管形のものが1点出土している。

**鏃**　骨・角・石・鉄製のものが出土しているが，縄文時代のように黒耀石を用いたものはない。骨鏃・角鏃は全体的に細長く茎を有するものと，細長い菱形の二つのタイプがある。前者は三浦半島の縄文時代の貝塚からは出土していない。石鏃は間口洞穴から胴部に穿孔のある粘板岩製の磨製石鏃が1点出土している。弓矢に使用したほか，回転銛頭の先端部に挾んで使用されたものとも考えられる。鉄鏃は上ノ台遺跡で無茎のもの，間口洞穴で有茎のものが各1点出土している。

## （3） まとめ

15の洞穴遺跡のうち中期の遺物を出土したものが5，後期の遺物を出土したものが15である。狩猟・漁撈用具も後期の方が数倍多い。中期から後期にかけては，三浦半島では他の集落址なども増加しており，農耕が大きく発展した時期である。農耕の発展とともに，狩猟・漁撈も発展していったと考えたい。

この時代の狩猟対象の中心は，ニホンジカ・イノシシとウミウなどの海鳥である。とくに冬鳥が多いことからみて，秋～春にかけて狩猟の中心があったと思われる。狩猟方法は弓矢によるものが中心であったと考えられる。この時代の狩猟の特色としては，①海鳥が多い。②ニホンジカ・イノシシは比較的年齢の若いものを多く捕り，雌まで捕っている。②のような現象は，狩猟対象としての獣が減ったことや，農耕の発達により狩猟の地位が下がったことに原因があるのではなかろうか。

漁撈については漁撈用具からみて，洞穴を使用した人た

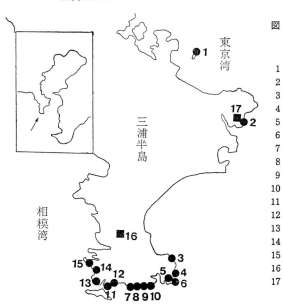

図1　三浦半島の弥生時代の狩猟・漁撈用具を出土した遺跡

| 1 | 猿島洞穴 | 後期 |
| 2 | 鳥ヶ崎洞穴 | 後期 |
| 3 | 雨崎洞穴 | 中・後期 |
| 4 | 大浦山洞穴 | 中・後期 |
| 5 | 間口A洞穴 | 中・後期 |
| 6 | 間口B洞穴 | 後期 |
| 7 | 毘沙門A洞穴 | 後期 |
| 8 | 毘沙門B洞穴 | 後期 |
| 9 | 毘沙門C洞穴 | 後期 |
| 10 | 毘沙門D洞穴 | 後期 |
| 11 | 向ヶ崎A洞穴 | 後期 |
| 12 | 向ヶ崎B洞穴 | 後期 |
| 13 | 西ノ浜洞穴 | 中・後期 |
| 14 | 海外洞穴 | 中・後期 |
| 15 | 諸磯洞穴 | 後期 |
| 16 | 赤坂遺跡 | 中・後期 |
| 17 | 上ノ台遺跡 | 後期 |

表1 三浦半島の洞穴出土の動物遺体1
（主な軟体動物）

表2 三浦半島の洞穴出土の動物遺体2
（魚類・爬虫類・鳥類・哺乳類）

*魚類, 爬虫類, 鳥類, 哺乳類の○は調査中のため個体数不明, 数字は最少個体数, 多は多量出土のものを示す.
*吉井貝塚は金子浩昌「貝塚出土の動物遺体」貝塚博物館研究資料, 3, 1982, なたぎり貝塚は赤星直忠「横須賀市なたぎり遺跡」『横須賀市史』別冊, 1954 と金子浩昌「なたぎり遺跡出土の動物遺存体」『なたぎり遺跡発掘調査報告書』1979 による.
*大浦山洞穴と間口洞穴は1949年の発掘調査の資料である.

ちの漁法は, 基本的には釣針による釣漁法, 回転銛やヤスによる刺突漁法と, スガイやイシダタミなどの貝の素手による直接採集, 潜水漁法によるアワビの採集であったと考えられる. 漁期については, 一年を通してあったと思われるが, とくに出土量の多いマダイ・クロダイは春から秋にかけて, カツオは春から夏にかけてが三浦半島付近の漁期である. このようにしてみると洞穴人の漁撈の中心は, 春から秋にかけてであった.

漁撈具の面では, 回転銛やアワビオコシの使用, 一本釣のための擬似針やアワビの採集のためのアワビ鉤, および網錘としての土管形土錘の出現などいずれも三浦半島の縄文時代にはみられな

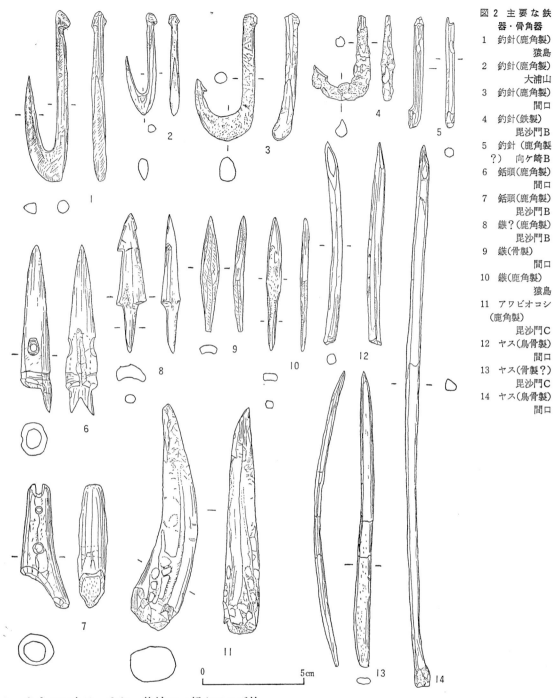

図 2 主要な鉄器・骨角器
1 釣針(鹿角製) 猿島
2 釣針(鹿角製) 大浦山
3 釣針(鹿角製) 間口
4 釣針(鉄製) 毘沙門B
5 釣針(鹿角製?) 向ヶ崎B
6 銛頭(鹿角製) 間口
7 銛頭(鹿角製) 毘沙門B
8 鏃?(鹿角製) 毘沙門B
9 鏃(骨製) 間口
10 鏃(鹿角製) 猿島
11 アワビオコシ(鹿角製) 毘沙門C
12 ヤス(鳥骨製) 間口
13 ヤス(骨製?) 毘沙門C
14 ヤス(鳥骨製) 間口

かったものである。また，釣針の一部やアワビ鉤に金属が用いられ，釣針やヤスなどの骨角器製作に金属器が使用され始めるのも，弥生時代からである。このようにしてみると，この時代（とくに後期）は漁撈面では技術が大きく進歩したといってよい。しかし，網漁法が少ないことから，個人的色彩の強い漁撈であったと思われる。

## 2 狩猟・漁撈活動の問題点

三浦半島の弥生時代の狩猟・漁撈について縄文時代との比較を意識して見てきたが，最後に，弥生時代の全体の流れの中で狩猟・漁撈活動の位置を考えてみたい。北九州の菜畑遺跡，大阪の四ツ池遺跡・池上遺跡・亀井遺跡，愛知の朝日貝塚などの弥生時代の包含層から出土する動物遺体の主

39

なものを挙げてみると，哺乳類ではシカ・イノシシ・イヌ（家畜）・タヌキ．アナグマ・カワウソ・クジラなどである。また魚類ではマダイ・クロダイ・スズキ・ボラ・マグロ・フグなどである。これらを一見してすぐに気がつくことは，縄文時代の狩猟・漁撈対象動物とまったく同じであることである。貝類・ウニ類・鳥類についても同様である。このことは，自然環境に大きな変化がなかったとすれば当然のことであって，弥生時代になったからといって，縄文時代とまったく異なった動物が捕獲対象となった訳ではない。また，遺跡ごとにその立地条件に応じて，多く出土する種とそうでない種があることも縄文時代と同様である。このように，種名のみから判断すれば，縄文時代と弥生時代の狩猟・漁撈活動は同様に行なわれていたように見えるといわざるを得ない。しかし，実際はどうなのであろうか。問題はその内容にあるといわねばならない。

さて，その内容の違いについていえば，遺体は出土していないが，タコツボの存在からみて，近畿地方瀬戸内海沿岸のイイダコ漁やタコ漁は弥生時代に盛んに行なわれたもののひとつである。また，ハマグリについては，弥生時代のものは大きな個体がまとまって出土する場合 が多い。そして，菜畑遺跡 や唐古鍵遺跡 の 例で知られるように，弥生時代中期以降，イノシシの下顎骨の儀礼的取り扱いが一般に行なわれていたと思われる。この儀礼的取り扱いは，詳細に検討した訳ではないが，縄文時代後・晩期にはまったくみられないものであることから，弥生時代になって農耕に伴って行なわれた農耕儀礼のひとつと考えられる。このように縄文時代と同じように見えても，弥生時代にはイイダコ漁のような新しい生業活動が行なわれるようになり，イノシシについてもその取り扱い方が異なるように，内容的には様々な点で異なっていたように思われる。

それでは，このような相違は弥生時代のいつ頃から見られるのであろうか。この点については，弥生文化の伝播の時期の違いから，北九州・近畿・東海・関東地方とそれぞれの地域によって異なっていたと思われる。しかし，三浦半島の弥生時代遺跡が中期以降であること，また，イノシシの下顎骨の儀礼的取り扱いも中期以降にみられることから，現在のところ弥生時代中期以降に，縄文時代とは異なった意味をもつ狩猟・漁撈活動が行なわれていたと推定される。弥生時代前期までは，おそらく縄文時代から引きついだ狩猟・漁撈活動が行なわれ，農耕とともに生業活動の重要な部分を占めていたと思われる。それが時代が進むに従って農耕生産も次第に安定するようになり，生業の中での狩猟・漁撈の位置が低下していったものと思われる。そして，中期以降では農耕経済を背景として，季節的生業としての漁撈が行なわれたり，また半農・半漁的な漁村集落も出現していったのではなかろうか。このように，本論では弥生時代の狩猟・漁撈活動は中期を境に二つの時期に分けて考えられることを指摘しておきたい。

## 3 おわりに

稲作農耕経済では，農耕のみによって生活が十分に成り立つと考える傾向がある。しかし，実際には農耕社会においても動物性たんぱく質は必要であり，何らかの形でそれらを確保しているものである。その方法としては一般に家畜飼育が行なわれているが，日本の弥生文化では家畜の飼育は今のところそれほど積極的に行なわれていたとは思われない。もちろん，ウマやウシが飼われていたことは明らかであるし，イノシシの家畜化も十分可能性がある。また，ニワトリも存在した可能性が強い。しかし，遺跡・遺物からみると豊かな海の資源を対象とした漁業が弥生時代の新たな必要性のもとに，ある程度の積極性をもって行なわれていたと推測される。狩猟についても，その実体は定かではないが，ある程度は行なわれていたことは明らかである。後世にみられる山村や漁村の生活体系は，おそらく弥生時代中期頃にまで遡り得るのではなかろうかと考えている。

最後に，本論作製にあたり，早稲田大学金子浩昌先生には動物遺体の鑑定を，横須賀考古学会の諸氏には，いろいろ便宜をはかっていただいた。ここに厚く御礼申し上げる。

註
1) 金子浩昌「弥生時代の貝塚と動物遺存体」『三世紀の考古学』上巻，学生社，1980
2) 主要引用参考文献
　赤星直忠「海蝕洞窟 ―三浦半島に於ける弥生遺跡―」神奈川県文化財調査報告，20，1953
　剱持輝久「三浦半島における弥生時代の漁撈について」物質文化，19，1972
　横須賀考古学会『三浦半島の海蝕洞穴遺跡』1984

特集●弥生人は何を食べたか

# 初期段階の農耕

農耕社会の開始期，あるいは初期段階における日本周辺地域の状況はどのようだったろうか。弥生時代と比較しつつ考えてみる

中国／東南アジア／西アジア／イギリス

## 中国

熊本大学大学院生
西谷 大
（にしたに・まさる）

長江中流域では稲作を中心としながらも漁撈・採集にかなりのウェートをおいた生業が行なわれ，独自の文化が展開する

長江流域における考古学調査は，1970年代後半から80年代にかけて急速に発展してきた。下流域（江蘇省・浙江省）では馬家濱文化の古相（羅家角遺跡）[1]，河姆渡文化（河姆渡遺跡）[2]，中流域（湖北省・湖南省）では大溪文化の古相の状況が明らかになってきた。下流域では，羅家角遺跡4層，河姆渡遺跡4層から大量の炭化米とともに，漁撈具や動物骨も多く出土しており，おそらく稲作を行ないながら，狩猟・採集にもかなりの比重をおいた生業形態が考えられる。一方，中流域では，新石器時代を通じて自然遺物の出土例が羅家角遺跡，河姆渡遺跡ほどには多くない。

そこで小稿では，土器を中心に分析し，下流域の遺跡と対比を行なって，中流域の大溪文化古相のおよその時期を推定し，生業形態の有り方を考えてみたい。

### 1 丁家崗遺跡[3]

丁家崗遺跡は，湖広平原の西寄り，湖南省澧県の北10kmに位置する。遺跡は平原中の微高地（約1m位）上に形成されている。発掘は1979年に行なわれた。層はⅠ，Ⅱ，ⅢA，ⅢBの4層に分かれている。Ⅱ，Ⅲ層が新石器時代に相当しており，一～三期に分期される。一期はこの地域で今のところ最も古い新石器時代文化である[4]。一期の遺構としては，柱穴を伴った住居址様のものが1件発見されているが，全容は明らかになっていない。墓葬は3基検出されており，1基は屈葬である。石器は，石斧，石鑿などがあるが，器種は少ない。石斧は横断面が楕円形，縦断面が頂部の丸味を帯びた紡錘形である。土器は手づくねで，器壁が厚く，焼成温度の低い粗製の泥質紅陶が主で，泥質褐色黒皮陶（碗）と細泥紅陶が続く。夾砂紅陶は少量である。外紅内黒の土器は出土していない。彩陶も若干出土している。泥質紅陶中には，稲殻や植物の繊維を胎土中に混じえたものもある。白陶は少量であるが出土している。白陶の器形は盤のみで，押圧によって複雑な文様（連弧文，横向きの"日"字文など）を施している。土器の器種構成は簡単で，とくに丸底と圏足をつけるのが特徴であり，三足器，平底器，壺などはこの時期は出現していない。数量の多いものとしては，頸部が締まり，底部が丸底の釜，罐や圏足付きの碗，盤，罐などが挙げられる。大きく分けて，圏足をつけない浅鉢・盤・碗類，圏足をつけた碗・盤類，それに罐，釜の4種に分類できる（図参照）。

41

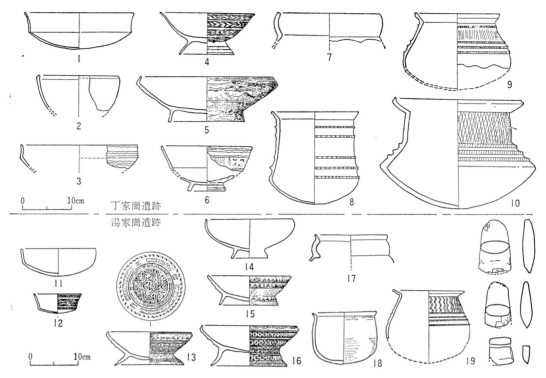

丁家崗遺跡と湯家崗遺跡出土の土器　1・3・11・12：盆・鉢・碗，4～6・13～16：盆・鉢・碗に圏足をつけたもの，7・17：罐　9・10・18・19：釜，5・13～16：白陶

## 2　湯家崗遺跡[5]

　この時期とほぼ同時期と思われる遺物が安郷県湯家崗遺跡より発見されている。

　湯家崗遺跡は，丁家崗遺跡の東約40km，湖南省安郷県に位置する。新石器時代文化に相当する層序は3層に分かれる。このうち，Ⅲ層が早期とされており，丁家崗遺跡一期に比定されている。遺構は，早期の層からは灰坑と墓葬が検出されたが，人骨の腐食が著しいため葬制は不明である。副葬品は土器が主体で石器は副葬されていない。土器は，泥質紅陶，夾砂紅陶，粗黒陶が主体である。泥質紅陶は内器面が黒く，外器面が紅い。粗黒陶には外器面に紅色陶衣か，または少数ではあるが白色陶衣を施したものがあるという。白陶は，盤のみで，文様は丁家崗遺跡に較べ，さらに複雑である。S字文，円圏文，三角文，鋸歯文，波状文，八角形を図案化した文様などが施されている。白陶以外では指圧文，方格状の刺突文，細目の縄文などが施されている。しかし，大部分の土器は素面である。

　石器は，石斧，砥石などで，器種が乏しく出土数も少ない。石斧は全面磨研ではなく，一部自然面を残したもので，横断面が楕円形，縦断面は紡錘形を呈する。土器，石器は丁家崗遺跡のものと酷似している。

　丁家崗遺跡と湯家崗遺跡は，土器の胎土，白陶の文様などに差異が認められ，ある程度の時間差が考えられる。しかし，器型，器種のセットなどから，ほぼ同一の文化・時期に属するものと思われる。

　なお，丁家崗遺跡，湯家崗遺跡より古い可能性のある遺跡としては，湖南省石門皂市遺跡が挙げられる[6]。土器はすべて泥質紅陶で，器種は両遺跡よりもさらに少なく，盤，罐，双耳罐，器台のみであるらしい。しかし，今のところ詳細は不明であり，報告を待ちたい。

## 3　丁家崗遺跡，湯家崗遺跡の時期の想定

　さて，丁家崗一期，湯家崗早期の$^{14}$Cによる年代測定は現在のところ試みられていない。しかし，この時期より新しいと思われる関廟山遺跡でおよそB.C.4300～3300頃[7]という結果が出ている。これは長江下流域でいうと，馬家濱期の終わりから崧澤期にかけての年代である。

　土器型式からは，今のところ確実に下流域と直

接結びつく結果は得られていない。これは，下流域と中流域の中間に位置する安徽省南部と江西省の考古学調査が十分行なわれていないところに原因がある。しかし，最近発掘された薛家崗遺跡[8]では，楊の論文[9]にも認められるように，長江下流域崧澤期との関連が強調され，Ⅱ期は崧澤中層に比定されている。しかし，Ⅱ期の圏足をつけた碗・盤類，圏足付きの罐や流水文様の杯，陶球[10]などは長江中流域の大溪文化に顕著に認められる特徴である。とくに杯[11]は，桂花樹遺跡下層[12]，大溪遺跡[13]でほぼ同様のものが出土している。よって，大溪遺跡＝薛家崗遺跡下層＝崧澤遺跡中層というおおよその平行関係が想定できる。桂花樹遺跡，大溪遺跡は，大溪文化でも屈家嶺文化に近い後期のものと考えられている。そうすると，丁家崗遺跡，湯家崗遺跡は崧澤期よりもさか上ることは確実と思われる。さらに，この時期を特徴づける白陶は，三元宮遺跡[14]，劃城崗遺跡早一期[15]，王家崗遺跡下層[16]など大溪文化の初期の遺跡にも存在する。一方，羅家角遺跡でもⅡ，Ⅲ，Ⅳ層で少量の白陶が出土している。ただし，報告書の中では豆とされているが，底部は出土しておらず，中流域でみられるような盤に圏足をつけた器型である可能性も考えられる。また，下流域において，白陶は羅家角遺跡のみしか出土しておらず，羅家角遺跡とほぼ同時期と思われる河姆渡遺跡にも皆無であり，その次の崧澤期の遺跡にも出土例を見ない。墓葬では，この時期，中流域の大溪文化早期では屈葬，甕棺葬が行なわれている。一方，下流域でも，河姆渡遺跡ではほとんどが側身屈肢葬であるが，以後この葬制は消滅し，仰臥伸展葬が盛行する。

長江中流域では，この後，新石器時代を通じて，土器構成では，碗・盆・鉢，これらに圏足をつけたもの，罐，釜という器種が中心となる。王家崗遺跡下層，三元宮遺跡中層，関廟山遺跡5層[17]などを代表とするいわゆる大溪文化の時期に鼎，壺，豆など新しい器種がセットとして出現するが，鼎，豆などは，長江下流域で認められるように中心的なセットとはなりえず，屈家嶺文化では，鼎は，他地域に較べて小型化し，出土数も他器種に較べて少なくなる。また，石器にしても，有孔石斧はおそらく長江下流域から伝えられたものと思われるが，従来の横断面が楕円形，縦断面が紡錘形の石斧が中心であり，小型鑿，有肩石斧などこの地方独特のものが存続する。墓葬は，丁家崗遺跡，湯家崗遺跡の時期にすでに出現した小児甕棺葬と屈葬が新石器時代を通じて行なわれる。このように，長江中，下流域では，もちろん両地域の交流が存在したのは事実であろうが，それぞれ新石器時代の古相においては，河姆渡遺跡・羅家角遺跡，丁家崗遺跡・湯家崗遺跡などを主体とする地域文化が根強く残存していたと思われる。

## 4 生業形態の復元

それでは，これら土器文化を包括した中流域の生業形態が一体どのようなものであったかについて考えてみたい。

丁家崗遺跡・湯家崗遺跡は，人骨の残りが非常に悪いことからもわかるように，自然遺物に関係する資料が大変少なく，少量の動物骨（羊，豚）が確認されているにすぎない。羅家角遺跡，河姆渡遺跡で判明したような様相は不明である。しかし，土器の胎土中に稲殻が混入していることから，丁家崗遺跡や湯家崗遺跡の段階から稲作が行なわれていたことは確実と思われる。時期はやや下るが，この時期の器種の基本セットと基本的にあまり変化の見られない屈家嶺遺跡[18]などから炭化米が出土していることもその傍証となろう。

長江下流域の羅家角遺跡，河姆渡遺跡では，稲作を中心とするが漁撈・採集にもかなりのウェートをおいた生業形態が想定される。これに較べて，中流域では，土器の基本的なセット――碗，盤，浅鉢，罐，釜――は変わらないが，下流域よりはるかに器形のバリエーションは少ない。このことが，採集経済に依存する比率の高さを表わすものか，それとも単に調理などの食生活の違いを表わすものなのかはわからない。だが，両地域の文化の様相を通観してみると，これらが初源形態であるとは双方とも思えない。古い段階で，祖型となる共通の母集団より派生したものか，それとも別々の経路をたどったものか，問題の残るところである。

註
1) 羅家角考古隊「桐郷羅家角遺跡発掘報告」浙江省文物考古学所刊，1981
2) 浙江省文物管理委員会・浙江省博物館「河姆渡遺跡第一期発掘報告」考古学報，1978—1
   河姆渡遺跡考古隊「河姆渡遺跡第二期発掘的収獲」文物，1980—5

3) 湖南省博物館「澧県東田丁家崗新石器時代遺跡」湖南考古輯刊第一集，1982
4) 何介鈞「長江中游原始文化初論」湖南考古輯刊第一集，1982
5) 湖南省博物館「湖南安郷県湯家崗新石器時代遺跡」考古，1982—4
6) 註4)に同じ
7) 註4)に同じ
8) 安徽省文物工作隊「潛山薛家崗新石器時代遺址」考古学報，1982—3
9) 楊徳標「談薛家崗文化」中国考古学会第三次年会論文集，1981
10) 直径2〜6cm位の球形をした土製品。中空で表面に円形の穴をうがち，穴と穴との間に文様を施す。用途は不明である。
11) 大渓遺跡，桂花樹遺跡の報告では瓶または筒形瓶

12) 湖北省荊州地区博物館「湖北松滋県桂花樹新石器時代遺跡」考古，1976—3
13) 四川省博物館「巫山大渓遺跡第三次発掘」考古学報，1981—4
14) 湖南省博物館「澧県夢渓三元宮遺跡」考古学報，1979—4
15) 湖南省博物館「安郷県劃城崗新石器時代遺跡」考古学報，1983—4
16) 湖北省荊州地区博物館「湖北王家崗新石器時代遺跡」考古学報，1984—2
17) 中国社会科学院考古研究所湖北工作隊「湖北枝江県関廟山新石器時代遺跡発掘簡報」考古，1981—4
同「湖北枝江関廟山遺跡第二次発掘」考古，1983—1
18) 中国科学院考古研究所『京山屈家嶺』1965

# 東南アジア

鹿児島大学助教授
■ 新田栄治
（にった・えいじ）

東南アジアにおける農耕の起源は未だ明確ではないが，後期新石器時代になって丘陵地帯で稲作が始まったと考えられる

　東南アジアの初期農耕の実態と変遷とを考古学的に跡づけることは現状ではきわめて難しい。したがって，東南アジア初期農耕に対する仮説・モデルを中心とし，ついで考古資料に基づく稲作の問題について述べることにする。
　東南アジアの農耕について初めてシステマティックな図式を描いたのはサウアーである。彼は狩猟・採集経済から農耕への転換には次の6つの条件が必要であるとした[1]。それらは①経済的に豊かな社会であること，②狩猟よりも採集に重点をおいた社会であること，③定住社会であること，④草地ではなく森林地域に居住していること，⑤大きな河谷に居住してないこと，⑥多種類の植物・動物がいること，である。これらの条件を満たすものとして，彼は温暖な気候下で淡水（川や湖）のほとりに住む漁撈民を想定した。そして，東南アジアの漁撈民がこれらの条件にもっともよく合致すると考え，彼らを最初の農耕民とし，根菜農耕と家畜飼養とを行なったとした。そして東南アジアが旧世界最初の農耕の発祥地であり，ここから他地域へ伝播したとした。また東南アジアでは，根菜栽培から雑穀栽培を経て稲作へという農耕の発展段階があったことを述べた。東南アジアが最古の農耕発生地とする点には疑問があろう

が，東南アジア農耕の発展段階説はそれ以降，ひろく受け入れられ，多くの研究者に影響を及ぼした。現在では，根菜類・果樹の栽培（園耕段階）がまず最初に始まり，雑穀栽培（ミレット・モロコシ類・ジュズダマなど），ついで稲作段階へという3段階説，あるいは園耕段階から稲作段階へという2段階説が多くの農学者や先史学者によって提唱されている（稲作については陸稲と水稲の2段階がさらに設定される）。
　東南アジアの新石器時代はホアビニアン（Hoabinhian）・バクソニアン（Bacsonian）段階の前期新石器と完全磨製石器と土器とが普遍化する後期新石器とに大きく分けられるが，農耕の出現がとくに問題とされるのは前期新石器段階についてである。ホアビニアン・バクソニアンはC-14によれば前1万年ころから前4千年ころまで続いた文化で，礫器を主とし，後期には刃部磨製石斧と土器を伴い，一部には海岸地域もあるが主として内陸部の小河川に近い洞穴を居住地としていたものである。この時期の遺跡からは淡水産貝類が多く，その他種々の現生種の動物骨が発見される。そのため，ホアビニアン・バクソニアンでは食用植物と貝類の採取・狩猟に生業を置く経済であったとするのが一般的な説である。このような見解に反し

て，ゴーマンはタイ北西部・スピリット洞穴から出土した植物遺存体に基づき，ホアビニアンにおけるきわめて古い農耕の存在を主張し，従来の常識をくつがえす見解を発表した[2]。スピリット洞穴には5つの文化層があり，最下層の第4層から第2層まで各種の種子が出土している（同定は属段階にとどまる）。第4層からは，*Prunus*（ウメ・モモ・アーモンドなどの類）・*Terminalia*（モモタマナ属）・*Areca*（ビンロー属）・マメ科の一種・*Lagenaria*（ヒョウタン属）・*Trapa*（ヒシ属）が，第4層と第3層の漸移層からは *Piper*（コショウの属）・*Madhuca*（アカテツ科の油脂作物）・*Canarium*（カンラン属）・*Aleurites*（アブラギリ属）・*Areca*，第3層からは *Canarium*・*Lagenaria*・*Cucumis*（キュウリやシロウリの類），第2層からは *Piper*・*Areca*・*Canarium* が出土した。これらのうち，とくにマメ類を栽培種と同定し，第4層のC-14年代・9180±360 B.P. によって前10000年ころに始まるきわめて古い農耕（園耕）の存在を主張したのである。さらに，第1層出土のスレート製ナイフを稲の穂摘具と解釈して，第2層表面のC-14年代・8550±200 B.P., 8750±200 B.P. から前6000年ごろから稲作が始まったことも主張した[3]。ゴーマンやソールハイムらにより，1970年代前半には一世を風靡した説である。

ゴーマンの見解に対しては強い疑問・異論がある。農学からはスピリット洞穴の植物同定に誤りがあり，かつまた地中海性気候のようなクール・シーズンの植物と熱帯性植物とが共存しているという奇妙な現象もあり，資料の信頼性に欠けるというハーランとドゥ=ウェットによる批判に代表される[4]。加えて，スピリット洞穴の植物同定は1粒・2粒といったごく少量の資料によっているといった危険性もある。さらにスピリット洞穴の植物同定者であるイェン自身がそれらが栽培種であるとは決定できないと述べるにいたった[5]。考古学的にみてもスピリット洞穴のような植物遺存体あるいは栽培植物と思われるものを出土した遺跡は他にはない。このようにホアビニアン・バクソニアン段階の農耕の存在については現在のところ農学的な仮説としては存しえても，それを証明するに足る確実な証拠はない。ゴーマン自身，その後に発表した論文のなかではホアビニアンの農耕についてはきわめて慎重になっている[6]。現在の共通した見解はホアビニアン・バクソニアンは

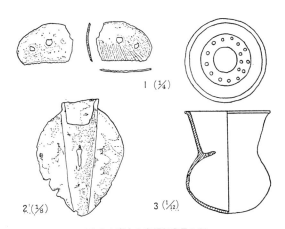

ベトナム出土の青銅製農具と甑
1：タイトフク（ハソンビン省）出土の穂摘具 2：ハノイ周辺出土の鍬 3：ランヴァク（ゲティン省）出土の甑

広範囲の食料資源を利用し（ゴーマンの言葉を借りれば，Broad spectrum expoloitation），そのような環境に適応した採集・狩猟にもとづく文化であり，農耕への道程にあったとする理解である[7]。

それでは，農耕の開始はいつであろうか。現在の資料によるかぎりでは，東南アジアでの農耕の起源は明らかではないが，前4000年ころに土器が作られるようになり，ホアビニアン・バクソニアン時代の洞穴居住から居住域が広がり，低地に拡大していったという生活様式の変化が生じた原因を考慮するならば，そこに何らかの農耕の開始を想定してよいのではないだろうか。後期新石器時代になると，薄手の大型の石斧や有肩石斧が出現するが，これらを一種の農具と理解すれば，上記の生活上の変化ともあわせて後期新石器時代には農耕が行なわれたといってよいだろう。

東南アジア農耕では稲作が重要である。これに関しては炭化米・籾痕や稲作に伴う道具類の出土があり，多少とも具体的な検討が可能である。タイ東北部ではノンノクタ（Non Nok Tha）遺跡の最下層であるレベルⅠとレベルⅣ-Ⅶの土器[8]に，バンチェン（Ban Chiang）遺跡では全層位からの土器に籾痕とテンパーとしての籾が付着していた[9]。報告者によれば，前4000〜3500年に稲作が始まったという。またタイ西北のヴァンヤン溪谷（The Vanyan Valley）の洞穴からは米粒が出土した[10]ほか，バンコク東方のコックパノムディ（Khok Phanom Di）遺跡の土器にもテンパーとして籾殻が付着していた[11]。ベトナム北部では紅河（ソンホン Sông Hồng）・デルタ上部のヴィンフー

省・ドンダウ (Đồng Đậu) 遺跡下層のフングエン (Phùng Nguyên) 文化層より多量の炭化米[12]が, マ河 (Sông Ma) 流域のタインホア省・ドンティエン (Đông Tiền) 遺跡から7粒の炭化米[13]が, またハイフォン市・チャンケン (Tràng Kênh) 遺跡ではオリザ・サティヴァの花粉が検出されている[14]。後1千年紀とされるヴァンヤン溪谷の例は問題外として, 問題なのはノンノクタとバンチェンの例である。これらの遺跡の実年代は C-14 とサーモルミネッセンス法とによっているが, その年代については疑問が多いことがつとに発表されており, 出土した稲資料の実年代を決めるのがまず難問である。また稲が栽培稲なのか野生稲なのかについても植物学者により意見が異なる。例えば, 木原は栽培稲としているが[15], イェンはバンチェンの稲は変異が大きく, 野生稲から栽培稲への移行段階の特徴を示すといい[16], ヴィシュヌは野生稲と判定している[17]。後期新石器時代に属するコックパノムディの例も栽培稲か否かについては詳細が未発表である。このように, タイの稲資料については, 栽培稲なのか野生稲なのか, 農学者でない筆者は当惑をおぼえる。しかし, 稲作適地とはいえない東北タイの丘陵地帯の遺跡に稲があることは, それが野生稲であれ栽培稲であれ, 渡部忠世のいうとおり, 初期の稲が畑作物として栽培されていったこと[18]を示すものであろう。これに対して, オードリクールや最近ではゴーマンらはタロ栽培の沼地にタロといっしょに栽培されたのが始まりとしているが[19], 渡部や中尾佐助によればその可能性は薄いという[20]。初期の稲作は畑作であったとみるのが妥当であろう。タイ東北での水稲栽培の開始はハイアムらによれば前 1600 年以降と考えられている[21]。

確実な資料はベトナムの例である。ドンダウ遺跡の炭化米はサンプル100粒の大きさの平均値が長さ $4.76 \pm 0.16$ mm, 幅 $2.75 \pm 0.10$ mm であり, 写真を見てもジャポニカ型およびジャワニカ型の栽培稲であることが明らかである。ドンティエン遺跡の炭化米も長さ $7.15 \pm 0.56$ mm, 幅 $3.75 \pm 0.09$ mm でジャポニカ型である。ドンダウ遺跡下層の, ベトナム新石器文化末期ないしは青銅器文化初期であるフングエン文化層の C-14 年代は $1380 \pm 100$ B.C., またチャンケン遺跡では $1455 \pm 100$ B.C. であるが, 出土遺物の年代観からみれば, これよりもやや下ると考えられ, 前2千年紀後半ごろとおける。ドンティエン遺跡の年代もこれと同時期である。いずれにせよ前2千年紀なかばには紅河デルタ地域で稲作が行なわれていたことが実証される。地形的にみても, これが水稲栽培であったことは確実であろう。前1千年紀になると, ベトナム青銅器文化第3期のゴーマン (Gò Mun) 文化期に青銅鎌があるほか, 雲南出土のものに類似する青銅製の鋤・鍬先や雲南や蘇州市で出土しているのと同じような青銅製穂摘具が多く現われるし, 土器では米を蒸すのに使ったと思われる甑もある。稲作農耕の普及とそれに基盤を置いた金属器文化の発展・食事の様式がみられるのである。この時期の農具資料としては, カンボジア・ムルプレイ (Mlu Prei) から青銅鎌の石製鋳型が, ベトナム南部・コンツム (Kon Tum) から青銅鎌がある。前1千年紀には東南アジア大陸部ではジャポニカ型の米による稲作農耕の展開がみられたと考えられよう。

東南アジア初期農耕の展開の概略を述べるとつぎのようになろう。農耕の起源は現在のところ明確ではなく, ホアビニアン・バクソニアンには主として採集・狩猟を基盤としながら, 広範囲の食料資源を利用していた。前 4000 年ころには初期的農耕が行なわれるようになり, 前 4000 年から前 1500 年ころのいつごろからか, 後期新石器時代において丘陵地帯で稲作が始まった。前 1500 年ころには沖積地において水稲栽培が行なわれるようになり, 前1千年紀になると水稲農耕が広く行なわれるようになった。

註

1) Sauer, C. O.: Agricultural origins and dispersals. American Geographical Society, New York. 1952
2) Gorman, C.: Hoabinhian: A pebble-tool complex with early plant associations in Southeast Asia. Science, 163, 671-3, 1969
3) Gorman, C.: The Hoabinhian and after: subsistence patterns in Southeast Asia during the late Pleistocene and early Recent periods. World Archaeology, 2, 300-320, 1971
4) Harlan, J. R. & J. M. J. de Wet: On the quality of evidence for origin and dispersal of cultivated plants. Current Anthropology, 14-1・2, 51-55, 1973
5) Yen, D. E.: Hoabinhian horticulture? The evidence and the questions from Northwest Thailand. Sunda and Sahul, J. Allen and others

eds., 567-99, Academic Press, London. 1977
6) Gorman, C.: A priori models and Thai prehistory: a reconsideration of the beginnings of agriculture in Southeastern Asia. Origins of agriculture, C. E. Reed ed., 321-56, Mouton, The Hague. 1977
7) Gorman, C. 1977
   Bayard, D.: The roots of Indochinese civilisation: Recent Developments in the prehistory of Southeast Asia. Pacific Affairs, 53-1, 89-114, 1980
8) Bayard, C.: Non Nok Tha: The 1968 excavation procedure, stratigraphy, and a summary of the evidence. University of Otago: Studies in prehistoric anthropology: Vol. 4. 1972
9) Yen, D. E.: Ban Chiang pottery and rice Expedition, 24-4, 51-64, 1982
10) Bayard, C. 1980
11) 新田栄治「コックパノムディ遺跡について」NOA, 4, 1-3, 1985
12) Nguyễn Xuân Hiên: Những dầu vết thóc gạo cháy ở Việt Nam.（ベトナム出土の炭化米）Khảo cổ học, 1980-3, 28-34
13) Nguyễn Việt: Về lúa nếp và chõ thời Hùng Vương.（雄王時代のモチ米と甑について）Khảo cổ học, 1981-3, 28-43
14) Hà Văn Tấn: Nouvelles recherches préhistoriques et protohistoriques au Vietnam. BEFEO., 48, 113-154, 1980
15) Solheim, W. G., II: An earlier agricultural revolution. Scientific American, 226-4, 34-41, 1972
16) Yen, D. E. 1982
17) Vishnu-Mittre & S. Guzder: The early domestication of plants in South and Southeast Aisa—a critical review. Palaeobotanist, 22, 83-8, 1975
18) 渡部忠世『アジア稲作の系譜』104-6, 法政大学出版局, 1983
19) Haudricourt, A.: Domestication des animaux, culture des plantes et traitement d'autrui. L'Homme, 2, 40-50, 1962
    Gorman, C. 1977
20) 佐々木高明編:『日本農耕文化の源流』日本放送出版協会, 1983, pp. 49-50 での中尾・渡部の発言
21) Higham, C. & Amphan Kijngam: Ban Chiang and Northeast Thailand; the palaeo-environment and economy. Journal of Archaeological Science, 6, 211-33, 1979

# 西アジア

筑波大学文部技官
■常木　晃
（つねき・あきら）

定住化の促進と開発可能なステップ帯がヒンターランドとして存在していたことが西アジアの初期農耕社会を生み出した

## 1　西アジアの農耕の研究

　狩猟採集社会から農耕社会への転換は世界各地のさまざまな時期に見られた現象であるが，西アジアはこの転換が最初に起こった地域の一つであることが明らかである。したがって，日本の弥生文化や西ヨーロッパの新石器文化の研究が，基本的には外部の農耕を基盤とした文化が各々の土地にどのように受容されたかを追究しているのに対し，西アジアの初期農耕文化の研究は，狩猟採集社会から農耕社会へと転換するプロセスそのものを追究することに主眼が注がれてきた。

　西アジア型農耕社会の経済的基盤は，コムギ・オオムギを主とした穀類とエンドウマメ，レンズマメなどの豆類の栽培およびヒツジ，ヤギ，ウシの飼育にあり，これに若干の野生動植物の狩猟採集が加わる。そこで家畜栽培化された動植物の多くは，社会の基幹食料として広く現代に引き継がれている。生産性，貯蔵性，嗜好性において第一級の食料であり，西アジア世界が早くから文明社会を形成する背景の一つとなったことは疑うことができない。

　西アジアでの初期農耕発生のプロセスに関しては，パンペリー，チャイルドのオアシスセオリー以来数多くの提言がなされてきた。しかしながら，環境変化や人口圧などの単一の要因で説明することは困難で，現在では複数のさまざまな要因が相互に影響しつつ農耕社会の成立に至ったと考えられている。その背景を探る有力な手がかりとして，環境，人口，生業，遺跡立地，社会組織，

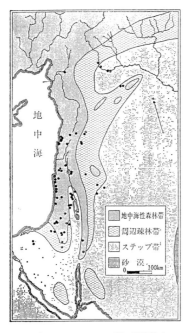  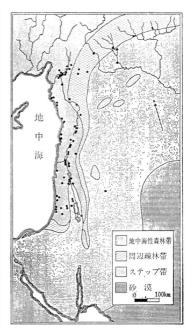

図1 ナトゥーフ期の遺跡分布　　図2 PPNA, PPNB 期の遺跡分布　　図3 アムークA, B併行期の遺跡分布
レヴァントにおける先史遺跡分布の推移（Moore 1983, Fig. 4〜7 を一部改変）

交易を追究する研究者が多い。

一口に西アジアといっても，地中海東岸のレヴァントと北メソポタミア平原，アナトリア高原，ザグロス山脈では各々環境も異なり，経済的基盤となった動植物にも，さらに初期農耕発生のプロセスにも相違が見られる。ここでは，とくに資料が豊富で最も早くから農耕社会への転換が模索されたと思われるレヴァントを中心に，現在の知見に基づいて農耕社会発生のプロセスを簡単に振り返って見ることにしよう。

## 2 レヴァントにおける初期の農耕

花粉分析や氷河の雪線の研究に基づいて復元される洪積世最終氷期のレヴァントの気候は，全般に現在よりも冷涼で乾燥していたことを示している。各地で採取された花粉の中には，乾燥の指標であるヨモギ，アカザが多く，木本の花粉は少ない。野生種のコムギ，オオムギは，カシ，ピスタチオなどが生育する地中海性森林帯とその周辺の疎林帯に見られ，洪積世終末直前までの西アジアには，経済的に十分見合う利用がなされるほどの自生密度に達していなかったと推定される。

洪積世終末に向かうにつれ，地中海性森林帯はまず南部のパレスティナで密度を増し，次第に北と東へ広がっていった。パレスティナの洪積世終末の狩猟採集民が，その居住環境に拡大していった地中海性森林帯と周辺疎林帯より得られるカシ，ピスタチオ，アーモンドなどの堅果類およびコムギ，オオムギを組織的に利用し始めたことは想像に難くない。そもそも人類は，それ以前にも世界各地で幾度となく居住環境に存在した穀類を含む植物種子を利用していたと思われる[1]。レヴァントにおいても，洪積世終末以前のレヴァンタイン・オーリニャックC期からケバラ期にかけて，南レヴァントを中心に断片的ながら種子処理具と考えられる石臼類が出土しており，生業の一部に穀類が取り入れられていた可能性はある。しかしながら次のジオメトリック・ケバラ期には石臼類が減少し，種子利用の衰退が想定されているように，種子の利用は一時的，部分的な段階にとどまっていた[2]。

レヴァントで種子処理具が質量ともに格段に豊富となり，かつ収穫具である鎌刃が恒常的に出土するのは，洪積世終末のナトゥーフ期になってからである。そしてこの時期は，地中海性森林帯の密度が増す時期とほぼ一致している。このナトゥーフ期の遺跡の多くは，地中海東岸に沿って広がる森林帯と周辺疎林帯に営まれ，さらに周縁のステップ帯にも進出している（図1）。その大きな特徴は，円形の小屋掛けないし竪穴住居で構成され

る定住的な村落を形成する点にある。遺跡規模もそれ以前と比べて大型化している。その背景には，堅果類およびコムギ，オオムギの組織的採集，さらにガゼルを中心とする選択的狩猟があったことは明らかである。ここで重要なことは，定住化の促進によってそれまでの小バンドを基本とする季節的遊動生活が変質し村落共同体を成立させる方向へと社会組織の再編が始まったことであり，かつ人口増加が促進されたことである。また，コムギ，オオムギの持つ高い生産性と貯蔵性は定住性の高いより大規模な村落形成を可能とする潜在力を秘めていたことにも注意したい。

地中海性森林帯と周辺疎林帯での社会組織の再編と人口増加は，人々に新たな土地への展開を促した。そもそもコムギ，オオムギを大量に利用するには森林環境はむしろ適さず，オープンランドへ進出する方が有利である。そのため周辺疎林帯の開発の進行とともに，一部の人々はナトゥーフ後期にコムギ，オオムギの自生地外であったステップ帯まで進出して行ったものと思われる。そして，まさにこのような周縁ステップ帯でこそ，コムギ，オオムギの栽培と大規模利用が開始されたと推定される。パレスティナの地中海性森林帯に立地する遺跡で出土する種子処理具が石臼，石杵といった堅果類の処理に適する形態が主流であるのに対し，例えばテル・アブ・フレイラのような周縁ステップに営まれた遺跡から出土する種子処理具が，穀類の粉化を目的とした磨臼，磨石を主体としていることは示唆的である[3]。ステップ帯ではピスタチオなどの堅果類に大きく依存することは不可能であり，コムギ，オオムギなどの穀類の利用を中心とした生活が模索されたのである。

コムギ，オオムギの自生する森林帯，疎林帯の周縁に，開発が可能な広大なステップ帯が広がっていたことは，西アジアの初期農耕の始まりを考察する上で非常に重要な点であると筆者は考えている。それはほぼ同じ時代の北東アフリカ・ナイル川流域での穀物利用の変遷と際立った対称を見せている。そこでは穀類の組織的利用は西アジアよりむしろ早くから模索されていた。紀元前13,000年前後の各遺跡で磨臼，磨石のセットに加え鎌刃が出土しており，同様の組合せの遺物を出土する遺跡が数は少ないが前10,000年前後まで続く。そのような遺跡の一つエスナでは，花粉分析の結果オオムギが相当量検出された。同時代のナイル川流域ではオオムギ，コムギが自生し，人々は食料資源として利用していたのである。ところがナイル川流域には背後に開発可能なステップ帯が存在せず，人々はオオムギ，コムギを自生地外へ持ち出し栽培化を進展させることができなかった。そのためその後の乾燥化などの気候悪化を乗り切れずに，ナイル川流域では穀類の利用が見捨てられてしまったと推定される。話をレヴァントに戻そう。

周縁ステップ帯への進出傾向は，続くPPNA，PPNB期を通じて看取される（図2）。この時期の植物遺物には形態的に栽培種の穀類と豆類が含まれているが，野生動植物の狩猟採集は依然生業の重要な要素である。とくに周縁ステップ帯の進出には，単純なエコシステムからくる危険性を克服するために，各々の土地の環境に応じた野生資源の開発が伴っている。テル・ムレイベトの野生ロバ[4]の集中的狩猟はその好例であろう。集落は拡大化を辿り，PPNA期のイェリコ，テル・アスワド，PPNB期のテル・アブ・フレイラ，アイン・ガザルといった，ピゼやレンガで建設された堅固でより定住的な住居で構成される大集落が生み出されている。

ヒツジ，ヤギの家畜化は，現在のところザグロスでより古い証拠が得られている。レヴァントでヒツジ，ヤギの飼育が開始されるのはPPNA期以降であり，PPNB期末期には，ブクラスのように動物飼育を主な生業として成立する集落も登場してくる。

紀元前7千年紀後半から，レヴァントは再び乾燥化に見舞われている。その影響はとくに周縁ステップで強く，遺跡の減少が見られる（図3）。人々はそれ以降，野生資源への依存を弱め，農耕と牧畜をより強化する方向へ向かうことになる。

註
1) Kraybill, N : Pre-Agricultural Tools for the Preparation of Foods in the Old World. in "Origins of Agriculture" edited by Reed, C. A. Mouton Publishers. 1977
2) 藤本 強「石皿・磨石・石臼・石杵・磨臼（Ⅱ）—レヴァント南部地域」東京大学文学部考古学研究室研究紀要, 3, 1984
3) Moore, A. M. T. : The First Farmers in the Levant. in "The Hilly Flanks" edited by Young, T. C. Jr. et al. Studies in Ancient Oriental Civilization No. 36. Chicago Univ. 1983.
4) オナガーと主張する研究者もいる。

# イギリス

熊本大学助教授
■ 甲元真之
（こうもと・まさゆき）

ブリテンの新石器時代にはコムギ，オオムギの栽培を行ない
肉・ミルク用のウシ，肉用のブタなどの飼育を行なっていた

## 1 新石器時代の農耕

　ブリテン島で明確なかたちの農耕文化が最も早く登場するのは，イングランド南部の Chalkland 地方の Windmill Hill 文化[1]であり，$C^{14}$ による年代では B.C. 3700年頃に属する。この文化には暗褐色で焼成が良好な Hembury 型土器が伴い，石器としてはフリント製の石斧，柳葉型石鏃，スクレーパー，ナイフなどがみられる。この期の遺構としては Causewayed enclosure, long barrow, Cursus などがあり，石列で囲われた長方形の居住地もみいだされている[2]。

　この期の栽培穀物については，Helbaek の調査があり，土器に付着した圧痕の鑑定によって，エンマーコムギ，ヒトツムコムギ，パンコムギ，クラブコムギ，ハダカオオムギ，アマなどが検出されており，量的な面ではコムギが 85.6%，オオムギ 8.1% とコムギが圧倒的に多く，コムギの中でもエンマーコムギが多くを占めている[3]。この Helbaek の分析については，土器圧痕から得られたものであるからさまざまな議論があり，Dennell は Windmill Hill の土器が他所からの搬入であることを明らかにした後，Cotswold 丘陵地方の粘土質の土壌にはコムギが適し，Chalkland の軽い土壌にはむしろオオムギが適するとして，物資の交流を考えるものである[4]。

　この期の動物相の分析はイングランド南部の遺跡で行なわれており，アカジカ，ノロジカ，オーロックなどの野生動物もみられるが，家畜の比重がかなり高いといわれている。家畜の中でもウシの占める割合が高く，Windmill Hill の enclosure に先行する段階では，ウシ，ヤギ／ヒツジ，ブタの比率は 66：12：16 であるが，enclosure の段階では 60：25：15 とウシは半数以上を占めるものの，ヤギ／ヒツジの占める割合が多くなっており，森林開拓の結果，草原の拡大と結びつくものと考えられている[5]。

　採集食物として，ドングリ，クロイチゴ，メギ，スロー，野生リンゴ，サンガシ，ハシバミなどが検出されており，なかでもハシバミの量は多いが，食生活全体での割合は不明である[6]。

　後期新石器時代は Peterborough 型土器と grooved ware を伴う段階であり，石器組成は前代とほとんど変化はない。遺構としては passage grave や gallery grave, round barrow などいわゆる巨石墳が展開する時代で，住居址としては簡単な炉だけをもつものや，小さな石列をめぐらすもののほかに，高い石積の壁でとり囲まれた内側に複雑に入り組んだ居住空間をもつなどのものまで多様な変化がみられるが，ピットと炉だけのそまつな家屋も多く Chalkland に認められる[7]。

　grooved ware には穀物が土器圧痕として認められないことから，その栽培の実体は不明な点が多かったが，water flotation による分析の結果，前代と同様にエンマーコムギ，パンコムギ，オオムギ，マメ類などがハシバミや野生リンゴとともにみつかっている[8]。この期で特徴的なのは動物相上での変化である。まず野生動物数の増加があげられる。新石器時代後期の骨数の割合では6遺跡の集計で 8.5% の平均を占めるにすぎないが，最小個体数の比率では 6.3% から 40% に達する例もあり，平均すると 17.7% で前代の遺跡のそれとは大いに変わっている。これに対してはこの期の資料の多くは henge 関係のものであり，頭骨などの特殊なものが宗教的行事に供されることで全体的に個体数の増加をもたらすという Harcourt の考えが参考となろう[9]。

　第2の点はイングランド南部においては，この時期とびぬけてブタの量が増加することである。Durrington Wall ではブタ 68%，ウシ 29%，ヒツジ／ヤギ 2%，Mount Pleasant では，ブタ 55%，ウシ 26%，ヒツジ／ヤギ 16%，North Carnaby でブタ 60%，ウシ 20%，ヒツジ／ヤギ 20% などである[10]。イングランド南部以外ではウシが多く，また青銅器時代でもウシが最も多く，ついでヒツジ／ヤギが多くなるという現象と

比べて著しい異なりがあり，これについての適切な答はまだ用意されていない。

この期から青銅器時代にかけての時期では動物骨の分析も進み，家畜の飼育因子についても明確な検討がなされている。Norfolk 州の Grimes Graves はフリントの採石址として有名であるが，後期新石器時代ではコムギ，オオムギの炭化粒が多く出土し，またヒツジの骨の分析などから通年的な農耕集落であったことが想定されている[11]。動物の組成はウシ 52.5%，ヒツジ／ヤギ 31.9%，ブタ 5.7%，アカジカ 4.1%，ウマ 3.3%，ノロジカ 2.5% となっている。このうちウシは下顎骨が多く他の骨は少ないかあるいは細片となるものが多い。歯より推定された年齢によれば，ウシは 2〜3 カ月か数カ月で殺され，しかも雄ウシが多いという結果がでており，ウシの年齢構成をみると，1 歳以下の子ウシ，年をとった雌ウシ，少数の去勢牛と雄ウシで組織されており，こうした現象は肉食用とするよりも，ミルク用であったものと考えられる（図1）。すなわち若年で殺される雄ウシが多いことは越冬用のまぐさが不充分なために，秋に殺されることを意味する。同様な観点から Windmill Hill 期のものやヨーロッパ大陸の骨の分析も行なって，中年以降のウシの雌雄の割合から肉食として供された可能性の高いことをも指摘している[12]。ヒツジについては 1 年で殺される例は極めて少なく，2 歳で殺されるのは子を産んだ後に肉食用として供されるのであり，中年以上の場合は衣服用であって，この比率は遺跡ごとに変わりがある。またブタについては，肉食用であって他の主要な食物が入手しえない折の予備的なものと考えられている[13]。

## 2 農耕と家畜の割合

このようにブリテンの新石器時代においては，コムギ，オオムギの栽培を行ない，肉食・ミルク用としてのウシ，肉食・衣服用としてのヒツジ／

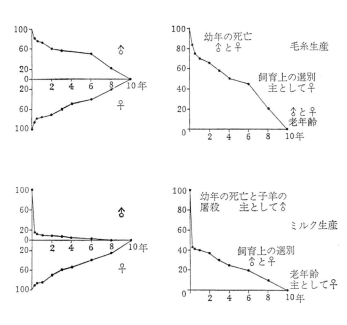

図 1　家畜の死亡年齢と用途の推定（Payne, 1973 より）

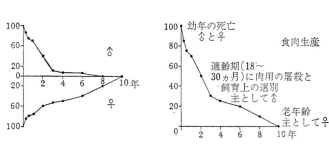

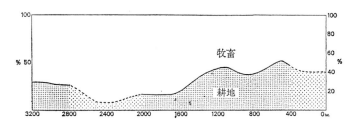

図 2　ブリテン島先史時代の牧畜と農耕の年代的比率（Bradley, 1978 より）

ヤギ，肉食としてのブタの飼育を行なっていた。これら農耕と家畜の割合についてどのようなものであったかという検討は大変むずかしいものであるが，花粉分析による植生の復元，畑地の分布，現状での状況また遺物の年代的分布などの分析を通して，Godwin や Bradley によって大まかな変遷が図示されている。それによると新石器時代から青銅器時代にかけてはほぼ 1/3 かそれ以下しか穀類の比重がなかったものが，B.C. 1200 年を境として急速に穀物栽培の比重が高まり，ほぼ五分五分に達するようになってくる[14]（図2）。しかし

*51*

この表は結局は土地利用の割合であって、そこから産みだされるエネルギーの相対比ではないことは注意しなければならない。

鯖田豊之氏は9世紀のフランスの例を引きながら、播種量に対する収穫量の比の極めて少ないことから、農業生産に対する依存度の低さを指摘している[15]。これは最底の比率であるとしても、13～15世紀のイギリスにおいても会計記録によると播種量に対する収穫量の比は、1エーカーあたり、コムギで3～5倍、オオムギで 2.7～4.4倍であり、オートムギについては 1.8～2.8倍にしかすぎない[16]。このことは穀物栽培に対する食料源としての比重が極めて低かったことを示すものであり、犂耕以前の地力の回復の遅い技術段階では、これをも下まわることは容易にうなづけよう。さらにオオムギの類は家畜用として使われたという説が妥当であれば、ますます穀物への依存度が低下していくのであり、このことからすれば鯖田氏や佐原眞氏[19]のようにヨーロッパ人は肉食への比重が高かったとする論拠も一面では説得性がある。Legge が引用した Holmes の統計資料によると[20]、1ヘクタールあたりのたんぱく質の産出総量は酪農の場合 115キロカロリー、肉用の場合 27キロカロリー、穀物の場合 350キロカロリーで、大人2人子供3人の一家族の消費を単位として考えていくと（男 3,000、女 2,400、子供 2,000カロリー）、酪農では 10日、肉では約 2.4日、穀物で約 31日となり、肉食だけでたんぱくを摂取したとすると一家族で約 3,750エーカー必要となり、Renfrew が Arran 島での例で推定した人口と耕地の関係[21]をこれにあてはめると、人口比で 1/50 となるのである。

Godwin の集計した自然遺物の年代的推移によると[22]、ハシバミやドングリは鉄器時代まで依然として多量に食されているし、青銅器時代にはかえってこれが増加していること、残りにくい果実の品目もかなりあることから自然依存の度合は決して少なくなかったことを示している。先のカロリー計算ですると、1家族 100ヘクタールの土地を肉食家畜と穀物栽培にあてたとしてもなお5ヵ月間の食不足になり、耕地での 20年の休耕を考えると莫大な土地が必要となってくる。食糧採集民の間でみられる食糧資源のほとんどは、採集植物にあるとする民族誌の統計[22]がそのままは適合しないにしても、中石器時代以来の自然開拓の一部として農耕を行ない、家畜を飼育したとみることが、人口の面でみても Renfrew の推定した墓制からみた社会構造とより適合するものであろう[23]。

註

1) S. Piggot: The Neolithic Cultures of the British Isles. London. 1954
2) J. V. S. Megaw & D. D. A. Simpson eds: Introduction to British Prehistory. Leicester. 1974
3) H. Helbaek: Early Crops in Southern England. P. P. S. Vol. 18, 1953
4) R. W. Dennell: Prehistoric Crop Cultivation in Southern England. Antiquaries Journal 56, 1976
5) J. Murray: The First European Agriculture. Edinburgh. 1970
6) I. Simmons & M. Tooley eds: The Environment in British Prehistory. London. 1981
7) G. Barker: Prehistoric Farming in Europe. London. 1985
8) M. Jones: Carbonized Cereals from Grooved Ware Context. P. P. S. Vol. 46, 1980
9) 注 7) に同じ
10) 注 6) に同じ
11) R. J. Mercer ed: Grimes Graves, Norfolk Excavations 1971-72: Volume I. London. 1981
　A. J. Legge: Aspects of Cattle Husbandry. in R. J. Mercer ed: Farming Practice in British Prehistory. Edinburgh. 1981
12) 注 11) に同じ
13) R. Bradley: The Prehistoric Settlement of Britain. London. 1978
14) 注 13) に同じ
15) 鯖田豊之『肉食の思想』1966
16) W. H. Beveridge: The Yield and Price of Corn in the Middle Age. in the Economic Journal 1927—5. この文献については熊本大学松垣裕教授の御教示にあずかった。
17) 注 13) に同じ
18) H. Godwin: The History of the British Flola. Canbridge. 1975
19) 佐原 眞「縄文から弥生へ」『文化とヒトの進化に関する接点』1981
20) 注 11) に同じ
21) C. Renfrew: Before Civilization. London. 1973
22) R. B. Lee & I. DeVore eds: Man the Hunter. Chicago. 1968
23) C. Renfrew: Social Archaeology. Southanpton. 1973

特集●弥生人は何を食べたか

# 弥生併行期の農耕

弥生時代併行期において日本周辺部の農耕はどんな状況にあっただろうか。当時の農耕の痕跡を克明にたどり，その特色を示す

北海道／南島／朝鮮半島／中国／沿海州／北西ヨーロッパ

## 北海道 ── 木村英明
（きむら・ひであき）
札幌大学教授

続縄文時代の生業の基本は狩猟・漁撈・採集にあった。しかし鉄器の普及とともに，確かな農耕を志向した可能性は強い

### 1 続縄文時代とは

北海道での弥生併行期といえば，およそ続縄文時代にあたる。正確には，続縄文時代は本州での弥生時代が終了してなお続いていたらしく，その存続年代は紀元前200年頃から紀元後7～8世紀までの間と推定される。

そもそも「続縄文」なる用語は，山内清男氏が亀ヶ岡式土器後の"本輪西貝塚上層の土器"やそれよりも新しい"江別式土器"に対し，「続縄文式土器」と呼んだのに始まる[1]。縄文時代以来の"狩猟民の文化"が続くという理解があっての名称である。また，「続縄文式土器」が使われた"非弥生"，正しくは"非農耕"のこの時代は，鉄器の存在をもって縄文時代から区分される。

しかしながら，例えば鉄器についてみると，時代を一変するほどの鉄器が当初から普及していたとは考えがたい。しかも，最近にいたり，ソバ栽培など，農耕問題が論じ始められており[2]，これらの評価いかんによっては，「続縄文時代」の時代・文化観は大いに変わってくる。北海道の歴史の中で，この時代がどのような位置にあるのか，あらためて検討しなおす時期にあるようである。

ここでは，資料不足を顧みずに，続縄文時代の農耕の様子を，生業全体の中から探ってみたい。

### 2 続縄文時代の「ソバ栽培」

近年，この時代の遺跡から，ソバ属（Fagopyrum）の花粉が検出されている。白老町アヨロ遺跡[3]，奥尻町東風泊遺跡[4]，江別市西野幌1遺跡[5]，同旧豊平川河畔遺跡[6]，同元江別1遺跡[6]，上磯町下添山遺跡[7]，苫小牧市タプコプ遺跡A地区[8]の7遺跡で，いずれも最近の農耕活動による土壌攪乱を受けていない層からの検出であるという。すなわち，アヨロ遺跡は恵山文化期の2号住居址の床面から，旧豊平川河畔遺跡は初期後北式土器の時期の1号住居址覆土中の焼土から，元江別1遺跡（Pit 33・57・70）やタプコプ遺跡（39号）は恵山文化期の土壙墓の覆土中から，また下添山遺跡は駒ヶ岳降下火山灰（Ko-e）下の恵山文化期の包含層からのものである。

山田氏は，これらの母植物として普通種 Fagopyrum esculentum が考えられるという。そして，ソバが虫媒花であること，元江別1遺跡や下添山遺跡などから，イネ科 Gramineae や農耕指標植物のアカザ科 Chenopodiaceae やナデシコ科 Caryopyllaceae，アブラナ科 Cruciferae の花粉が検出されていることなどを理由に，ソバ栽培を含む雑穀栽培が行なわれていたと，結論する。その起源は，本州からの伝播であるという。ちな

53

みに，韃靼種 *Fagopyrum tataricum*（バイカル湖から旧満州・アムール河畔が原産地として有力）よりも，普通種の可能性があるとしつつ，加藤晋平氏は，北方からの伝播を想定している[9]。

虫媒による他家受精の代表的なソバの花粉は，遠距離からの飛来が難しく，そのうえコンタミネーションがないとすれば，栽培の可能性は高い。しかも，成育期間が短く，低温に強く，開墾地など不良地にも良く成育する性質は，北海道にこそふさわしい。

しかし，作物の起源とその後の系譜を明らかにするのは容易でないと言われる。ソバも例外ではなさそうである。本州の例では，およそ28,000～23,000 B.P. の中部野尻湖層[10] や 9,300～8,500 B.P. の八甲田山周辺の田代湿原 TS-V 帯[11] からソバ属の花粉が検出されており，辻氏は，日本に自生した種である可能性があるという[11]。北海道でも，東風泊遺跡で，縄文晩期初頭の遺物包含層からソバ属の花粉が検出されている[4]。また南茅部町はまなす野遺跡の縄文前期の住居址床面からソバの種子が発見されているという[2]。とすれば，北海道でのソバ栽培の起源は，有力といわれる縄文時代晩期どころか，前期にまで遡ることになる。仮にソバが早くから自生していたものであれば，除草など，簡単な管理程度で，少なからずの収穫をあげることが期待できるし，続縄文時代のソバが，栽培されたものか，逃げだしてきたものの採集か，花粉のみでの判定はなかなか難しくなる。また，仮に栽培が行なわれていたとして，どの程度の役割を果していたのか，他の生業とのかかわりなど，考古学的判断が重要になる。

## 3 続縄文時代前期の生業

続縄文時代は，土器の広がりを通して理解される文化圏がおよそ東西に分かれる「前期」と，北海道全体が統一される「後期」とに二分される[12]。すなわち「前期」は，道西南部では，恵山式土器がⅠ期からⅢ期へと分布圏を拡大しながら展開するのに対し，道東北部では，若干の地域差を内包しながら大狩部式・緑ヶ岡式→興津式・宇津内Ⅱa式→宇津内Ⅱb式・下田ノ沢Ⅱ式という，恵山式土器の系列に属さない個性的な型式の土器が継起する。なお，後北式土器（山内氏の江別式）が，恵山式土器と宇津内Ⅱa式土器との接触によって成立するらしく，「後期」の展開に向けての重要な胎動が，江別市元江別1遺跡や江別太遺跡など，道央部にある。

一方「後期」は，東西を分ける文化圏が解消し，後北 $C_2$・D 式土器が，北海道全体に展開する。そればかりか，南千島・東北地方北半をもその分化圏に組み入れている。この広がりは，次の北大式土器（Ⅰ～Ⅲ期）に引きつがれる。

こうした変遷の中で，これまで検出されている花粉資料は，いずれも続縄文時代前期，しかもそのほとんどが恵山式土器の分布圏に集中している。

しかしながら，別表に示す通り，続縄文時代の前半期の生業を特色づけるのは，むしろ漁撈活動である。ヒラメ（オヒョウ）やサケ，ニシン，カレイ，マダラなどの捕獲，しかも回游するカジキなど大型魚類やイルカ・オットセイ・アシカなどの海獣類の本格的な狩猟も含まれている。縄文時代の晩期に比べて，漁撈の比重が増したであろうことは，多くの貝塚が残されている事実からうかがえる。とくに，渡島半島から内浦湾沿岸にかけて，尻岸内町恵山貝塚や森町尾白内貝塚，豊浦町礼文華貝塚，伊達市有珠遺跡群など，恵山文化期の貝塚が多数残されている。貝塚といえるものではないが，泊町茶津洞穴群や瀬棚町南川遺跡など，日本海沿岸の遺跡においても，漁撈中心の傾向が理解できる。また同じ頃，厚岸町下田ノ沢遺跡や釧路市三津浦遺跡など，道東部の太平洋東沿岸でも貝塚が形成されており，似た傾向にある。

このほか，遺跡の多くは，海を見下ろす低位段丘の縁辺に立地し，漁撈活動にふさわしい場所が選択されている。骨角製の銛・釣針・刺突具や石製ナイフ，魚形石器の発達など，生産用具の発達（特殊化）も際だっており，漁撈活動の飛躍的発展を裏付けている（図）[12]。

なお，石狩低地帯の中央を流れる千歳川の河川敷内に立地する江別太遺跡で，簗らしい遺構が発見されている。この後北式土器成立期の頃に，サケやスズキを主体とした内陸河川での漁撈も認められる[13]。

以上からすると，続縄文時代前期に農耕がさほど大きな比重を占めていたとは考えがたいのである。ソバの花粉が検出された下添山遺跡においても，フローテーション法で漁撈を示す多量の魚骨片が検出されている[7]。しかも重要なのは，細かく破砕された多量のオニグルミ片である。こうした植物性の果実や種子は，南有珠6遺跡でトチ，

## 続縄文時代の主な遺跡にみられる自然遺物（ゴチは，主体を占めているもの）

◇前期

恵山貝塚（西本 1984）
◆哺乳類～シカ，イノシシ，**オットセイ**，イルカ，アシカ，クジラ ◆魚貝類～**ヒラメ**，マグロ，カサゴ，スズキ，サメ類，キタムラサキウニ，エゾバフンウニ ◆鳥類～アホウドリ

尾白内貝塚（西本 1981）
◆哺乳類～**エゾシカ**，イヌ，イルカ，アシカ，トド，クジラ類 ◆魚貝類～ヒラメ，マグロ，ブリ，マダラ，カサゴ類，サメ類 ◆鳥類～アホウドリ，オオハム類，ガン・カモ類

南有珠6遺跡（西本 1983）
◆哺乳類～シカ，イノシシ，エゾタヌキ，キタキツネ，ツキノワグマ，ニホンカワウソ，ニホンドブネズミ，イヌ，**オットセイ**，イルカ，ニッポンアシカ，クジラ ◆魚貝類～ヒラメ，オヒョウ，マグロ，マダラ，カサゴ，スズキ，ツノザメ，サケ類，イトウ，ニシン，ホッケ，カレイ，メカジキ，ウグイ類，**キタムラサキウニ**，エゾバフンウニ，エゾイガイ，タマキビ，アサリ，ホタテガイ ◆鳥類～アホウドリ類，ヒメウ，ウミウ，カラス類，ミズナギドリ類

絵鞆遺跡（大場ほか 1971）
◆哺乳類～シカ，イヌ，オットセイ，イルカ ◆魚貝類～カレイ，サメ類

南川遺跡（西本 1983）
◆哺乳類～エゾシカ，エゾタヌキ，キタキツネ，ヒグマ，ニホンカワウソ，海獣類 ◆魚貝類～**サケ類**，カレイ類，アオザメ，ウグイ，エゾタマキガイ，ユキノカサ

* 15号住居址～サケ骨片154点，20号住居址～サケ約8.5kg，22号住居址～サケ69点・エゾシカ318g

江別太遺跡（西本 1979）
◆哺乳類～イヌ，ニホンジカ，ニホンカワウソ ◆魚貝類～**サケ類**，スズキ，ヒラメ ◆鳥類～アホウドリ

尾河台地遺跡（西本 1983）
◆哺乳類～リス類，エゾユキウサギ，クロテン，エゾタヌキ，イヌ，エゾヒグマ，エゾシカ，オットセイ，イルカ類，**クジラ類** ◆魚貝類～サケ，サメ，カワシンジュガイ ◆鳥類～カモ類，ウミガラス

三津浦遺跡（金子 1976）
◆哺乳類～ネズミ科，オットセイ，アシカ類，トド？，マイルカ科，クジラ類 ◆魚貝類～マダラ，カサゴ科，サケ科，**イワシ**，ニシン，**アイナメ**，ホッケ？，カレイ科，メカジキの一種 ◆鳥類～アホウドリ，ウ類，ウミガラス類

興津遺跡（牛沢 1979）
◆哺乳類～エゾシカ，マイルカ，アシカ ◆魚貝類～イトウ？，カジキ類 ◆鳥類～ウ

下田ノ沢遺跡（沢ほか 1972）
◆哺乳類～シカ，イヌ，クマ，クジラ，トド ◆魚貝類～ニシン

◇後期

フゴッペ洞穴遺跡（犬飼・湊・魚住・藤江 1970）
◆哺乳類～シカ，タヌキ，キツネ，オオカミ，ネズミ，クジラ，オットセイ ◆魚貝類～ヒラメ，マダラ，その他磯魚，エゾイガイ，ホタテガイ，マガキ，ウバガイ，レイシ，その他貝類 ◆鳥類～アホウドリ，アビ・シギ（卵）

白川遺跡（中村 1975）
◆哺乳類～ニホンジカ，キツネ，クジラ ◆魚貝類～ウバガイ，ホタテガイ，**ヤマトシジミ**，ベニサラガイ，マガキ，ビノスガイ ◆鳥類～ウ

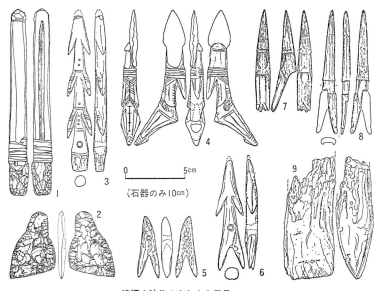

**続縄文時代の主な生産用具**
1：柄つきナイフ（江別太） 2：石製ナイフ（紅葉山33号） 3～8：銛（3～6 恵山，7・8 フゴッペ洞穴） 9：鹿角製斧（耕具？ フゴッペ洞穴）

南川遺跡でオニグルミなど，江別太遺跡でオニグルミやクリ，トチ，ヤマブドウ，サルナシ，ヒシ，イヌビエ，サンカクイなどがある。

藤村久和氏によると，アイヌは，春の雪解け水で肥沃な土が運ばれて来る川岸近くの家のまわりで農耕を行なっているが，わずかに非常食用のものを植える程度であるという。保存用食料を含めて，植物性食料のほとんどは，近くに自生する澱粉を多く含む，ワラビやフキ，キノコ類などの山菜，オオウバユリやキクイモ，ツリガネニンジン，クズ，エゾテンナンショウなどの球根や茎・根，そしてトチやクリ，ミズナラ，ヒシ，イヌビエなどの果実に負うており，採集したものは300から500種類を下らないという[14]。続縄文時代前期の遺跡から発見された植物性の遺物はいずれもその中に含まれている。続縄文時代前期に，植物性食料への依存は確かにあったものの，本格的な農耕によるものではなく，藤村氏が紹介するような，近くに自生する有用植物の採集に基礎を置いたものであったと理解すべきであろう。

## 4 続縄文時代後期の生業

これまでに発見されている続縄文時代後期の遺跡は，ほとんどが墓にかかわるものであるため，生業の様子を語る資料に乏しい。しかし，遺跡の立地や生産用具の様子などを総合すると，前期から後期にかけて大きく変容したことが推察される。

みるべき貝塚は，わずかに，日本海沿岸のフゴッペ洞窟やオホーツク海沿岸の網走市モヨロ貝塚・白川貝塚があげられる程度で，海洋での漁撈活動の衰退がうかがわれる。フゴッペ洞窟では，銛頭をはじめ，比較的まとまった骨角器が発見されており，オットセイやクジラなどの海獣猟も行なわれていたようである。しかし銛頭の型式や組合せを考えると，衰退の傾向は否定しがたい[12]。

ところで，この時代の遺跡は，比較的大きな河川の入口部から内陸部にかけての河川流域（段丘を含む）に営まれている。しかも，推定800基以上の墓があったとされる江別市坊主山遺跡や300基を越す恵庭市柏木B遺跡の例にみられるように，道央部への人口の集中は疑いない。この地域での，こうした人口の集中は，おそらく，前期の江別太遺跡にあらわれた河川流域での漁撈の本格化，具体的にはサケ漁の集約的労働の反映と考えられる。ちなみに，蝦夷のサケ，その産地としての石狩の名は早くから知られていたらしいし，17～18世紀頃の石狩におけるサケの産出は，北海道での三分の一を占めていたと言う[15]。続縄文時代以降の展開を展望する時，「石狩」がもつ地域的役割の原型が，この続縄文時代後期にすでにできあがっていたと考えるのも，あながち的はずれではなさそうである。

他方，この時期の土器が，東北地方にまで分布する。後北 $C_2$・D式土器出土の遺跡は，新潟県打越遺跡を南限とし，50カ所を越えている。北大式土器も10数カ所を数えている。気候の低下などを主因とした集団の南下説があるが，弥生時代やその後の時代の文物（土器・ガラス玉・鉄器など）の流入で明らかなように，そのあり方は，一方的な南下ではなく，相互交流に特色がある。その背景は，次のように説明されるであろう。

鉄器の流入は，前期にみられた生産用具，とりわけ著しい発達をとげていた石製ナイフに影響を与え始める。数量こそ多くはないが，前期に発見される鉄器の多くは，刀子ないし刀子の破片である。やがて掻器などの一部を除き，石器作りの伝統がすっかり解体されるまでに普及し，いよいよ，鉄器依存の生産システムができあがっていった。このような歴史的過程において，彼我地域での相互交流が必然化されていった，と。

問題は，鉄器作りの術をもたない北海道側からの，鉄器への見返りである。その一つに，文献史上早くから「商品」的価値をもっていたサケ（干鮭など）が，まちがいなく含まれていたと考えられる。続縄文時代後期になっての道央部への人口集中と河川での集約的労働の傾向は，こうした事情の中で説明可能である。

不明な点の多い続縄文時代後期も，生業の基本は漁撈にあったと推察される。ただし，彼我の交流から学んだ技術を駆使して，いよいよ確かな農耕を志向し，擦文文化形成への先導的役割を果していった可能性は大いにある。いずれにせよ，農耕問題の解明は，土壌のフローテーションなど，調査時の細かな配慮にかかっており，今しばらく時間を要するようである。

註

1) 山内清男『日本遠古之文化』補註, 1939
2) 梅原達治ほか『北海道における農耕の起源』1982
3) 山田悟郎「花粉」アヨロ, 1980
4) 山田悟郎「北海道奥尻島東風泊遺跡―縄文晩期層のソバ属花粉」ドルメン, 27, 1980
5) 山田悟郎「江別市西野幌1遺跡の花粉分析結果」大麻1遺跡ほか, 1980
6) 山田悟郎「元江別遺跡群の花粉分析」元江別遺跡群, 1981
7) 山田悟郎「下添山・鶴野2遺跡の花粉分析結果」北海道における農耕の起源, 1982
8) 山田悟郎「タプコプ遺跡より出土した花粉化石」タプコプ, 1984
9) 加藤晋平「擦文期の栽培について―とくにソバの問題」北方科学調査報告, 1, 1980
10) 野尻湖花粉グループほか「野尻湖層の花粉化石と植物遺体」地質学論集, 19, 1980
11) 辻誠一郎ほか「北八甲田山における更新世末期以降の火山灰層序と植生変遷」第四紀研究, 21—4, 1984
12) 木村英明「続縄文文化の生産用具」ドルメン, 10, 1976
　　木村英明「後北式土器の成立について」考古学研究, 28—4, 1982
　　木村英明「続縄文文化―骨角器」縄文文化の研究, 6, 1982
13) 西本豊弘「江別太遺跡より出土した動物遺体について」江別太遺跡, 1979
14) 藤村久和『アイヌ, 神々と生きる人々』1985
15) 秋庭鉄之『北海道のサケ』1980

# 南　島

梅光女学院大学講師
■ 木下尚子
（きのした・なおこ）

南西諸島に弥生文化の要素が到来するころ，これと期を同じくして沖縄諸島は長い貝塚時代の大転換期を迎えていた

　南西諸島は，北は種子島周辺から南は八重山諸島に至る長大な海域をおおっている。これらの島島はそれぞれに環境が異なると同様，食生活も一様ではない。ここでは比較的資料の豊富な沖縄諸島について検討を行ないたい。

　沖縄諸島において弥生時代に併行する時期は，沖縄貝塚時代後期初頭〜中頃とされるが，沖縄中期後半から同期終末にかけて，移入土器や弥生土器の影響を思わせる土器がしばしば検出され，注目されている。したがって本小稿では，沖縄中期後半から沖縄後期前半の時期を主たる対象とし，全体の動向からみたこの時期の意味を，食生活面から考えてみることにしたい。

## 1　沖縄貝塚時代各期の概略

　具体的検討に入る前に，各期の動向について簡単に触れておきたい。新石器時代の沖縄諸島は土器様式により沖縄貝塚時代早・前・中・後の4期に分かれ，次にグスク時代が続く。沖縄早期は九州以東地域の縄文早期〜中期，沖縄前期は縄文後期，沖縄中期は縄文晩期，沖縄後期は弥生時代〜平安時代初頭頃[1]に時期的併行関係をもつと考えられている。

　沖縄早期は爪形文土器，曽畑・轟系土器，面縄前庭様式土器[2]に代表され，未だ資料的には乏しいが，魚・貝類，獣骨が検出されている。沖縄前期には独自性の強い土器が使用される。この時期石灰岩台地の発達した沖縄本島では，台地崖下の狭隘な場が生活の本拠となり，やや内陸部にも多くの貝塚が形成される。沖縄中期には，生活の場は崖下から崖上の台地あるいはこれに続く緩斜面上に移り，開地での生活が展開される。台地上には広大な集落が営まれ，竪穴式，平地式，石囲いの住居が一般化するようである。土器では壺形が増加し，石器においては石斧や食物調整具が機能的に分化する傾向を認めることができる。石鏃の検出例が増え，食生活においてもかなりの変化が予測されるが，この時期の自然遺物検出例は極めて少ない。沖縄後期には，遺跡の大半が海岸砂丘地に降りる。遺跡の規模はさらに大きくなり，遺跡数も増加する。土器は中期までの伝統的形態を脱却し，製作技法においても進歩が認められる。貝錘とみられる有孔貝製品の出土が増加し，大形貝を含む貝塚が多く遺される。沖縄後期初頭〜中頃には，九州方面の弥生土器，鉄器，ガラス小玉などが検出されている。一方，石灰岩台地のない本島北部や離島では，沖縄前〜中期には海岸近くの平坦なマージ面[3]，後期には砂丘地帯に遺跡分布がみられる。また沖縄前期から後期まで同じ海岸砂丘に遺跡が形成される例もある。

## 2　自然遺物検出の現状と生業に関する諸説

　このような変遷を通して，検出される自然遺物の種類は，周囲の環境に準じた限られたものである。広大な珊瑚礁原を遊泳する魚類を捕獲し，貝類を採取し，背後の山林でイノシシを捕え，堅果類・根茎類を採集する生活像を容易に描くことができる。この構図が明らかに変化するのはグスク時代である。この時期には炭化米・炭化大麦などの豊富な検出例があり，鉄器も多く農耕社会の成立が認められる。

　一方，沖縄後期初頭には数々の弥生文化要素の到来が確認されているが，農耕に関する遺物・遺構は現在検出されていない。後期の遺跡が後背湿地をひかえていることから，水田の開発を想定する研究者もいる。この間の検討も含め，弥生文化（あるいは文化要素）の到来は，沖縄社会に何をもたらしたのか，が大きな関心事となっている。

　一方，沖縄中期の諸特徴[4]に注目した新田重清氏は「強化された採取経済ないしは原初農耕（根栽・木の実の半栽培）を想定」し，「この時期になると定着的・原始的村落共同体が形成され，一定の管理された食用植物が食料資源として供されていたのではないか」と述べている。さらに沖縄後期は「海への積極的な対応と後背地の利用」を前提に「漁撈を中心とした単なる採取段階ではなく，中

57

期の経済様相の延長線上にありながら，本土弥生文化の影響を強くうけ，徐々に農耕社会へと移行する過渡的段階ではなかろうか」[5]と述べている。

植物食糧に関しては，多和田真淳氏の基礎的な考察がある[6]。氏は植物学の立場から，ヤムイモ・タロイモ・クズ・シイ・カシ・ユリなどが貝塚時代において主食となり得る植物であるとし，他にも利用し得る限りの植物を提示している。

佐々木高明氏は人類学の立場から，南島の伝統的畑作農耕の基本型が，イモとアワを中心とする≪雑穀・根栽型≫の焼畑であることを指摘している。さらにこれがより南方の文化基地において石蒸調理法と結びついていることなどから，貝塚時代に集石遺構の多い南島においても，同様の文化複合が存在したのではないかと想定している[7]。

国分直一氏は，八重山諸島新石器時代の石器の組み合わせ（ビラ型石器＋ピック状石器）が伝統的なイモ作の掘棒農具に対応すること，八重山から九州南端に向かい北上する文化複合が点々と跡づけられることなどから，イモとアワを主体とし，ストーンボイリングを伴う畑作農耕文化が南島の文化の基層に存在していたのではないか，と述べている[8]。

このような植物食への積極的な考えもあって，遺跡の調査においては植物遺存体の検出に努力が払われているが，現在まで資料は大変少ない。考古学での現状は，植物食の具体像をいかにして描き出すかの検証の段階にあるといえよう。

ところで，自然遺物検出に関し従来から問題にされてきたのは，沖縄中期に限ってこれらの出土例が極端に少なくなることである。

最近沖縄中期の遺跡が大規模に発掘調査され，この時期の事情がわずかながら明らかになってきた。集落の一定の場所にまとまって自然遺物の投棄が行なわれていた例，台地上から崖下に向かって投棄された例[9]のあることがわかってきたからである。このような投棄場所を予測し確実に調査することによって，沖縄中期における食生活は今後具体的に解明されることと思う。

## 3 地区別にみた貝塚時代の食生活の動向

沖縄諸島を便宜的に8地区に分け，それぞれについて，石器組成，貝・魚類の統計をとった（表1・2）。

石器は石斧（工具）と石皿・凹石・敲石・磨石（製粉用具），その他に3分類した。貝類は，生息域により陸産貝（オキナワヤマタニシなど）[11]・淡水産貝（シレナシジミなど）・鹹水産貝に分類し，鹹水産貝をさらに下記のように分けた。潮間帯生息貝（アラスジケマンガイ・イソハマグリ・カンギク・アマオブネなど），潮間帯〜潮間帯下生息貝（マガキガイ・リュウキュウマスオガイなど），潮間帯下〜珊瑚礁外生息貝（チョウセンサザエ・ヤコウガイ・アコヤガイ・ゴホウラ・リュウキュウサルボウ・アンボンクロザメなど）。魚類は代表的なブダイ科・ベラ科・フエフキダイ科・ハリセンボン科を示した。ブダイ科の魚は全般的に動作が緩慢なので，好んで突き漁の対象とされた[10]。フエフキダイは群れをなして移動する習性があり，網漁との関係が指摘されている[12]。

①北部離島地区（伊平屋島，伊是名島，伊江島など）——沖縄中期に石斧がやや増加するようである。貝類では後期初頭に陸産貝が激減し，潮間帯ないし潮間帯下に生息する貝が激増する。ナガラ原西貝塚にみる後期初頭の貝類採取の変化は大変激しい。魚類ではブダイの捕獲が優勢である。

②本島北部地区（本部半島，古宇利島，名護市など）——石器では一貫して製粉用石器が優勢であ

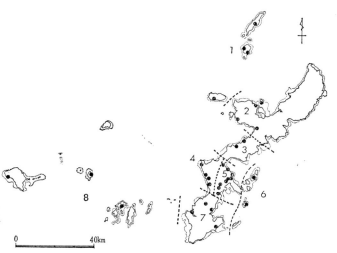

沖縄諸島の地域区分
●は表 1・2 の遺跡を，沿岸の破線は珊瑚礁の広がりを示す
（地域番号は本文・表番号に対応）

るが，沖縄中期に石斧が増加する。後期に石斧は激減し，後期中頃にはほとんど姿を消す。貝類では，沖縄前〜中期陸産貝が一定の割合を占めているが，後期に一旦減少し，後期中頃には旧状にもどるようである。魚類では前期から後期にかけてブダイが減少し，かわってフエフキダイが増加している。

③本島北部地区（恩納村など）——対象とした3遺跡は，すべて石器出土数が少ないが，この中で沖縄後期に石斧がほとんどなくなる傾向を指摘できる。貝類では中期に至り陸産貝が減少し，かわって潮間帯下貝類が増加する。

④本島中部西海岸（読谷村など）——石斧は沖縄中期末〜後期初頭に減少傾向にあり，後期中頃には他地区と同様衰退することが予想される。この地区は陸産貝への嗜好が弱く，潮間帯の貝への依存が高いようである。

浜屋原C地点と木綿原遺跡は同様の立地条件を備える，中期末〜後期初頭の遺跡である。前者はこの時期，従来の傾向と大差ない状況を示すが，後者では潮間帯下の貝類が増加する。両者の差異を反映するように，後者のみに弥生土器が認められることは示唆的である。

⑤本島中部東海岸（石川市，北中城村，沖縄市など）——沖縄中期に石斧がやや増加し，中期末〜後期初頭に激減する。沖縄後期前半の例では石斧はすでにみられず，また石器自体ほとんど衰退するようである。この地域では沖縄前期から後期まで，砂泥性のアラスジケマンガイが主体を占めていることから，主として東側の泡瀬海岸で貝の採取が行なわれていたと考えられる。中期には一時資料的空白期があるが，これは先に述べた事情による。魚類の捕獲では，時期による変化は認め難い。

⑥東部離島（浜比嘉島，宮城島，伊計島など）——石器組成では沖縄前期から中期末にかけて基本的な変化は認められない。貝類でも，陸産貝が後期に減少することを除くと，基本的には同一の傾向を示すが，中期後半のシヌグ堂遺跡では，陸産貝が非常に顕著である。宮城島と浜比嘉島の環境差の反映であろうか。

⑦本島南部（那覇市，玉城村，西原町など）——沖縄前〜中期には石斧・石皿などが一定のセットをなすが，後期には石器自体激減するようである。貝類では前期には陸産貝への嗜好が強いが，後期にはカンギクを主体とした遺跡がみられる。

⑧南部離島（久米島，渡名喜島，座間味島など）——古座間味貝塚では，沖縄前期から後期に至る間石器に基本的な変化は認められない。これに対し久米島では後期に石斧の減少がみられる。貝類においては座間味島，久米島ともに，沖縄中期末から後期にかけて潮間帯下の貝の捕獲がわずかに増えるが，時期による変化は顕著ではない。魚類の捕獲においても，基本的変化は認められないようである。

以上の資料から，いくつかの動向を指摘してみたい。中部・南部の離島においては概して時期による変化が乏しく，貝類や魚類の捕獲には一定のバランスが保たれていたようである。これに対し，本島内ではかなり明瞭な時期的変化が認められる。

石斧では沖縄中期にやや増加傾向を認めるが，中期末から後期初頭頃に急激に減り，以降後期を通して衰退に向かう。この現象は遺跡が崖下から石灰岩台地上に移り，さらに，海岸砂丘へ降りる変化と軌を一にしており，集落造営の土壌的条件に関わるものであることは明らかである。一方，製粉用石器セットが沖縄前期以来，常にある程度の割合を保っていることは重要である。植物遺存体の検出例は未だ少ないが食生活の基層に，植物食が深く関わっていたことが知られる。

魚類では現在統計資料が少ないこともあり，明瞭に傾向を導き出すことはできない。

貝類では，沖縄前期に食されていた陸産貝が中期に増加傾向を示し，中期末から後期初頭にかけて激減する。この時期に陸産貝とは対照的に，潮間帯下の貝類採取が盛んになる。

この増加の顕著な地区は，図1の①・③・④で，やや増加の認められる地区は②・⑧，変化の認められない地区は⑤・⑥である。増加の顕著な地区は弥生土器・弥生系土器を伴い，ゴホウラやイモガイ溜[13]が検出されている（モノクロ口絵3参照）。やや増加する地区においても弥生系土器・ゴホウラ溜は検出されている。変化の認められない⑥地区にはこれらの要素は希薄である。しかし⑤地区では弥生文物との共存が明確であるにも関わらず，変化がみられない。

このことは，弥生系文物との接触を同様に果たしても，それによってゴホウラやイモガイを特別に意識し，他の潮間帯下貝類の捕獲をも積極的に行なう地区と，日常の食生活がこれにほとんど影

表 1 沖縄諸島における石器・捕獲貝類・魚類の変遷（その1）

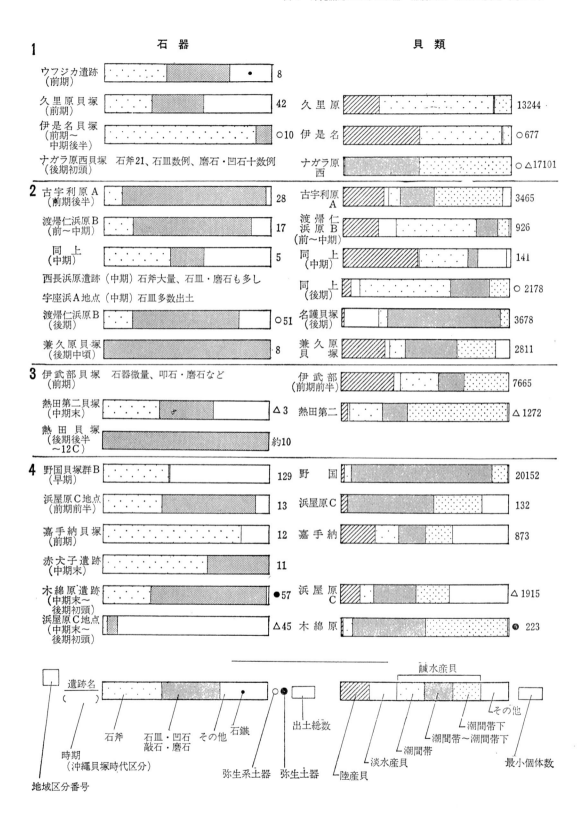

## 魚類

1

久里原貝塚　ブダイ圧倒的に多し

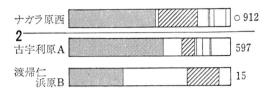

2

3

熱田第二貝塚…獣・魚骨は自然遺物全体の1％未満

野国貝塚群B…ブダイ科、ベラ科、タイ科、サメなど25点

渡具知東原遺跡(早期)…エイ、タイ、ホオジロザメ検出

4

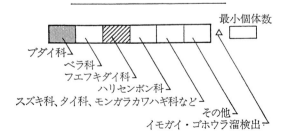

響されることのない地区のあったことを示唆する。弥生文化へのこのような対応の差は、④地区の浜屋原C地点と木綿原遺跡の差にも示されている。したがって、さらに同じ地区内においても、基本的に前者のタイプと後者のタイプの遺跡が共存している情況を想定することができる。

ところで、沖縄諸島内には陸産貝への依存の強い地区、弱い地区、砂泥性二枚貝を一貫して採取する地区がある。また同一地区内でも⑥のように、隣接する島で採取傾向に大きな差を認める場合がある。以上から考えると、各地区の食糧源は、遺跡の立地する場所を囲む微地形に左右されることが多く、これが小地区ごと（あるいはより小さな単位）の基本的な食生活のバランスを形成しているとみることができよう。

### 4 その他の資料

動物食では沖縄早期からイノシシが主体を占めている。骨はいずれも細片で、野国貝塚群B地点では「初歩的な骨髄食と、脳底を割って大脳を食べる風習」[14]がすでに認められている。イノシシは沖縄後期に至るまで、新石器時代人の主要な動物性たんぱく源であった。ちなみにシヌグ堂遺跡やナガラ原西貝塚では、イノシシの成獣が主たる狩猟対象とされていたことが指摘されている[15]。

他にウミガメ類、リクガメ類、クジラ類、イルカ類、ジュゴン、ネズミ、イヌ、アホウドリ、ウミウ、ヘビ類などが検出されている。

植物遺存体は、苦増原遺跡でイタジイ、クス科、クサギ属、コナラ属、マメ科、クス科とみられる種子が、貯蔵穴、炉跡、柱穴内より176個検出されている[16]。西長浜原遺跡ではシイの実の炭化物が2つの遺構内で検出されている。内1例は石皿が共伴していたとされる[17]。

### 5 小結

以上の検討を通し、沖縄の新石器時代人の食生活は、小地区ごとの基本的な生態系に依拠しているという極めて当然の事情を確認した。これらは各時期を通じて一定のバランス内で、海・山野に同様に求められている。こうした前提の上に、各時期の特徴ある食生活が展開する。

以上述べてきたように、弥生時代併行期に相当する時期、ことにその始まりの時期（沖縄中期後半頃～後期初頭）は、沖縄諸島においてもいくつか

表 2　沖縄諸島における石器・捕獲貝類・魚類の変遷（その2）

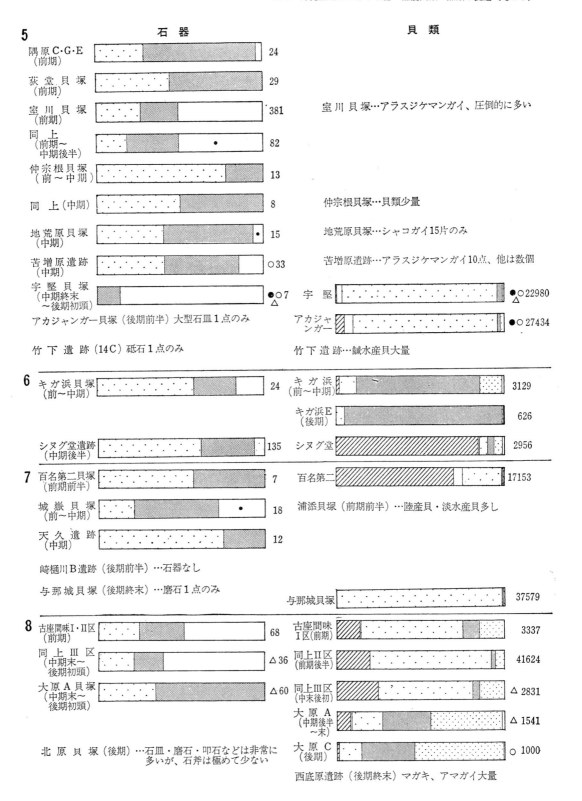

## 魚 類

**5**

室川貝塚…魚骨豊富

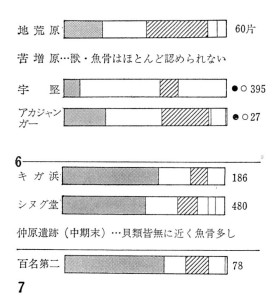

仲原遺跡（中期末）…貝類皆無に近く魚骨多し

**7**

与那城貝塚…魚骨少量

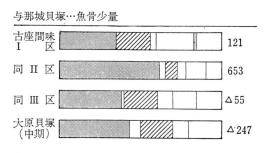

**8**

の面で，重要な転換期に当たっている。この時期に軌を一にして到来する弥生文化の文物は示唆に富み，沖縄諸島における貝類採取にはその影響を認めることができる。しかし，沖縄諸地域においてこの反応は必ずしも一元的ではなく，そこに弥生文化のもたらされ方の特質の一端が示されているようである。

この時期の沖縄諸島において，その自律的変化と，外部からの影響による変化とを区別し，これらを食生活の具体像に反映させることが，当面の課題であると考える。自然遺物に関するわずかな経験と，報告書のデータのみに基づいて作業を進めたため，一面的な理解に終始していることを恐れる。大方の御叱正を乞うものである。

註
1) 沖縄考古学会編『石器時代の沖縄』1978
2) 高宮広衛「暫学編年（沖縄諸島）の第3次修正」沖縄国際大学文学部紀要社会科学篇，12—1，1984
3) 赤色の粘土質の土をマージ（真地）と総称している。沖縄諸島特有の強酸性の土壌
4) 遺跡の立地，壺形土器の増加，貝塚形成の衰退，扁平石斧などの増加
5) 具志川市教育委員会『苦増原遺跡』1977
6) 多和田真淳「沖縄先史原史時代の主食材料について」南島考古，4，1975
7) 国分直一・佐々木高明編『南島の古代文化』毎日新聞社，1968
    黒潮文化の会編『シンポジウム 黒潮列島の古代文化—黒潮の古代史』角川書店，1978
8) 国分直一『南島先史文化の研究』ほか
9) 西長浜原遺跡，渡帰仁浜原遺跡，苦増原遺跡など
10) 恵原良盛『奄美生活誌』1973，159 ページ
11) 「陸産貝については食用にしたかどうか今後検討を要するが，出土量が多いこと，集中して出土しないこと（自然死の場合は凝集する場合が多い）から＜中略＞食用の可能性もありえる」比嘉春美氏の指摘による。与那城村教育委員会『シヌグ堂』1984
12) 比嘉春美氏の指摘による。今帰仁村教育委員会『渡帰仁浜原』1977
13) 岸本義彦・島　弘「沖縄における貝の集積遺構」沖縄県教育委員会文化課紀要，2，1985
14) 川島由次・村岡　誠氏の指摘による。沖縄県教育委員会『野国貝塚群』1984
15) 金子浩昌氏による。沖縄県教育委員会『シヌグ堂遺跡』1985，194 頁
16) 宮城朝光「苦増原遺跡の自然遺物」註5）に同じ。同報告書中で，宮城氏による植物遺存体，植生に関する基礎的な考察がなされている。
17) 宮城長信「第1次発掘調査を終えて」西長浜原遺跡調査会『発掘調査ニュース』4，1977 所収

# 朝 鮮 半 島

福岡市埋蔵文化財センター
■ 後 藤　直
（ごとう・ただし）

朝鮮半島の農耕は別系統の畑作と稲作とが結びついて発展したが，それぞれの比重は地域によって異なっていた

## 1　弥生併行期の朝鮮半島

　弥生時代と同時代の朝鮮半島は，それ以前にはじまった農耕がなお一層発達する時代である。ここでは前・後の時代をふくめた栽培植物出土例（別表）と農具によってこの時代の農耕のあらましをみることにする。

　はじめに時代区分の問題にふれておく。日本列島の弥生時代は，朝鮮半島の無文土器時代から原三国時代に平行する。無文土器時代は前・後の二時期にわけられ，弥生時代はそのはじまりを板付Ⅰ式土器の出現期とすれば，無文土器時代後期初頭以降となり，農耕のはじまった夜臼式土器の時期を弥生時代草創期，早期とすれば，無文土器時代前期後葉以後に平行する。無文土器時代から原三国時代へ移るのは九州における弥生時代中期と後期の境とほぼ一致し，弥生時代後期と原三国時代とは同時代とみられる。両時代から古墳時代および三国時代への変遷時期が一致するかどうかはまだ明らかでないが，大きくはずれないだろう。

　これまで原三国時代の代表的遺跡は金海会峴里（フェヒョルリ）遺跡などの貝塚遺跡があてられていた。しかし近年，慶尚道の調査により，原三国時代の土器は瓦質土器で，会峴里遺跡などの主体をしめる土器は三国時代の土器と共通するから，これら貝塚を三国時代に下げる見解があらわれた。ただし，会峴里貝塚などでも瓦質土器は出土しており，遺跡の上限が原三国時代に上ることは確かである。さしあたり問題となるのは，原三国時代とされてきた遺跡で出土した栽培植物遺体や農具の帰属時代である。別表に原三国時代と記した慶尚道の資料について将来変更の必要があるかもしれない。また慶尚道以外の南部の原三国時代とされる遺跡の位置づけも今後変動するかもしれないが，今のところは大きく動かないと思われる。

　このような無文土器時代後期以降の時期区分は漢江流域以南のもので，それ以北にはそのまま適用できない。大同江流域を中心とする地域は，南部の無文土器時代後期後葉～原三国時代には楽浪郡の支配下にあった。また北部では早くから無文土器は灰色陶質土器にかわっている。これらの地域の無文土器時代後期～原三国時代は南部のそれに相当する時代という意味でもちいる。

## 2　栽培植物の有様

　朝鮮半島の農耕は，無文土器時代に先行する採集狩猟の櫛目文土器の時代に畑作農耕としてはじまった。この時代の栽培植物遺体はアワが2遺跡で発見されている。この畑作農耕は中国東北地方の新石器時代農耕文化の波及によるもので，北から南へひろまったとみられる。これには家畜（ブタ）の飼育がともなっているが，その証拠は北部に限られ，南部では家畜を欠いていたらしい。南部で家畜（牛馬）があらわれるのははるかのちの原三国時代のことと思われる。北部ではウシの骨が無文土器時代前期の遺跡で発見されている。

　櫛目文土器時代の畑作農耕は採集狩猟とならんで生産活動の一部をなしていたにすぎないが，次第に比重を高め，無文土器時代には生産活動の主座をしめるようになった。これと前後して石庖丁が出現し，木製品製作用磨製石器の分化がはじまる。

　水稲農耕は無文土器時代に入ったのち，中国の准河―長江下流域から南部に伝えられ，それまでの畑作農耕を基礎にして発展拡大した。櫛目文土器時代以来，長期にわたり発達してきた畑作農耕に対し，水稲農耕は伝来後急速に普及し，ほどなく畑作とともに北部九州にも伝えられた。

　畑作と稲作の伝来の経路と時代のちがいは，南北に長い朝鮮半島の自然条件の差異とあいまって，農耕の地域差をうみ出したと考えられる。これは遺跡出土の栽培植物遺体の上にあらわれているが，農耕具としての石器や鉄器に関しては十分に把握できていない。

　これまでに発見された食用植物遺体と土器についた圧痕は別表のようになる。このなかにはドン

朝鮮半島の食用植物遺存例（櫛目文土器時代〜三国時代）　　　　　　＜出典は省略＞

| 遺　　跡 | 時　代（土　器） | 出　土　状　態 | 種　　類 |
|---|---|---|---|
| 咸鏡北道　茂山郡　茂山邑　虎谷 | 虎谷第2期，青銅器時代（無文土器） | 15号住居址，土器内 | モロコシ，キビ（各々別の土器） |
| 〃 | 〃 | 15・20・35・40号住居址，炉のまわり | キビの粉と皮殻 |
| 〃 | 虎谷第3期，　〃　（〃） | 31・32号住居址，土器内 | 〃 |
| 〃 | 虎谷第5期，鉄時代（〃） | 5号住居址，埋土 | キビかアワの炭化粒 |
| 会寧郡　会寧邑　五洞 | 青銅器〜鉄器時代（無文土器） | 住居址（複数）の床と埋土 | ダイズ，アズキ，キビなどの炭化粒。報告書以後の文献では青銅器時代層でアワ，アズキ，ダイズ |
| 慈江道　時中郡　深貴里 | 無文土器時代前期（公貴里型土器） | 1号住居址，床に埋めた土器内 | ドングリ多量 |
| ピョンヤン市　湖南洞　南京 | 新石器時代（櫛目文土器） | 31号住居址，床 | アワ1升，ドングリ3個 |
| 〃 | 青銅器時代1期（コマ形土器） | 36号住居址，床 | コメ，アワ，キビ，モロコシ，ダイズ（コメ，アワが最多，ついでキビ，モロコシ，ダイズの順） |
| 〃 | 青銅器時代2期（コマ形土器・美松里型土器） | 11号住居址 | キビ |
| 貞柏洞2号墓 | 無文土器〜原三国時代（西暦紀元前後） | 木槨墓（高常賢墓） | モモの核10粒 |
| 37号墓 | 原三国時代（紀元前1世紀後半） | 木槨墓，北・南槨の棺内 | キビ多数 |
| 貞柏洞19号墳 | 〃（紀元後1〜2世紀） | 木槨墓 | モモの核 |
| 石厳里201号墳 | 〃（紀元1世紀） | 木槨墓 | モモの核2 |
| 219号墳 | 無文土器〜原三国時代（西暦紀元前後） | 木槨墓（王根墓）東・西棺 | ヒエ一括 |
| 南井里116号墳 | 原三国時代（後漢代後葉） | 横穴式木槨墓（彩篋塚） | クリ，モモ，ムギ |
| 黄海北道　松林市　石灘里 | 青銅器時代（コマ形土器） | 39号住居址，土器内 | アワの皮殻，アズキ（各々別の土器） |
| 鳳山郡　智塔里 | 新石器時代（櫛目文土器） | 第2地区2号住居址，土器内 | ヒエかアワ約3合，報告書以後の文献ではアワ |
| 黄海南道　延安郡　復興里 | 無文土器時代前期末〔遼寧式銅剣伴出〕 | 包含層 | キビ？の皮殻 |
| 江原道　春川市　湖畔洞　中島 | 原三国時代（灰色陶質土器） | 1号住居址，土器内 | アワ約30g |
| 〃 | 〃？ | 第6地点採集 | キビかヒエのような圧痕土器 |
| 〃 | 〃 | 2号住居址埋土 | 稲籾圧痕土器 |
| 京畿道　楊平郡　陽根里 | 無文土器時代 | | ダイズとアズキの圧痕（5個）土器，アズキ（1個）圧痕土器 |
| 麗州郡　占東面　欣岩里 | 無文土器時代前期（孔列文土器） | 14号住居址，土器No.2内 | コメ3粒 |
| 〃 | 〃 | 12号住居址，土器No.1, No.2内 | コメ78粒 |
| 〃 | 〃 | 土器No.3内 | オオムギ2粒 |
| 〃 | 〃 | 土器No.4内 | モロコシ1粒 |
| 〃 | 〃 | 西側肩部 | アワ1粒 |
| 水原市　西屯洞　麗妓山 | 無文土器時代後期 | 採集 | 稲籾圧痕土器 |
| 忠清南道　扶余郡　草矢面　松菊里 | 無文土器時代前期（松菊里型土器） | 54地区1号住居址，床の3カ所 | コメ395g |
| 〃 | 〃 | 54地区2号住居址 | 稲籾圧痕（1個）土器 |
| 〃 | 〃 | 50地区2号住居址 | 稲籾圧痕（3個）土器 |
| 扶余邑　扶蘇山城 | 三国時代 | | コメ，アワ，コムギ，ソバ，ダイズ，アズキ |
| 全羅北道　扶安郡　扶安邑　所山里 | 無文土器時代 | 採集 | 稲籾圧痕土器 |
| 東津面　盤谷里 | 原三国時代（灰色陶質土器） | 採集 | 稲籾圧痕土器，マメ科の実の圧痕土器 |
| 高敞郡　新林面　松龍里 | 原三国時代 | 甕棺墓付近で採集 | 稲籾とワラ圧痕土器 |
| 慶尚北道 | | | |
| 慶州市　半月城下 | 原三国時代？ | 包含層，土器内 | コムギの小群 |
| 朝陽洞 | 無文土器時代前期 | 第3次調査住居址 | ドングリ約2合 |
| 慶州16号墳　南墳 | 三国時代 | | コメ |
| 皇南洞98号墳　南墳 | 三国時代 | | コメ（稲籾） |
| 慶州126号墳（飾履塚） | 三国時代 | 土器内 | コメ |
| 慶州138号墳 | 三国時代 | 高杯内 | 殻粒 |
| 味鄒王陵地区 | | | |
| 第4区3号墳 | 三国時代 | 第1墓槨，杏葉と鉄斧に付着 | コメ |
| 第6区4号墳 | 三国時代 | 主槨と副槨 | コメ |
| 第9区A号墳 | 三国時代 | 第1・2・3墓槨杏葉，銜，鉄斧に付着 | コメ |
| 第1〜3区古墳群 | 三国時代 | 破壊古墳，土器内 | ヒエ |
| 大邱市　達西51号墳 | 三国時代 | 第1墓槨 | 稲穂？ |
| 星山郡　星山洞古墳 | 三国時代 | 古墳No.不明，土器内 | 稲籾 |
| 慶山郡　孤山面　城洞 | 無文土器時代 | 採集 | 稲籾圧痕土器 |
| 慶尚南道　金海市　会峴里貝塚 | 原三国時代？　三国時代？ | 包含層第Ⅶb層 | コメ，鶏卵よりやや大きい塊 |
| 府院洞貝塚 | 三国時代 | A地区Ⅱ・Ⅳ層（貝層） | コメ少量，オオムギ，コムギ |
| 〃 | 〃 | 〃　Ⅱ層 | ダイズの皮3個 |
| 〃 | 〃 | 〃　Ⅳ層 | モモの核 |
| 〃 | 〃 | 〃　Ⅴ層貯蔵穴内 | アワ |
| 〃 | 原三国時代？ | B地区最下層 | コメ1粒 |
| 〃 | 〃 | C地区溝状遺構内第Ⅴ層 | コメ少量，アズキ3粒，山ブドウ2〜3粒 |
| 釜山市　東三洞　朝島 | 原三国時代 | 包含層Ⅱ層 | 稲籾圧痕（1個）赤褐色軟質土器 |
| 五倫台13号墓 | 三国時代 | 石槨内 | ヒエ |
| 固城郡　固城邑　東外洞 | 原三国時代？ | 包含層 | コメ，ムギ |
| 晋陽郡　大坪面　大坪里 | 無文土器時代前期 | 支石墓などの調査で出土 | 稲籾圧痕土器7点 |
| 山清郡　丹城面　江楼里 | 無文土器時代〔前期？〕 | 採集 | 稲籾圧痕土器 |

グリや山ブドウ，クリがあり，農耕以前から利用され，農耕開始後も農耕を補った多種多様な食用植物採集活動の一端をしめしている。楽浪古墳ではスモモとモモの種子が出土している。前者は朝鮮にも原産し，古くから採集されていたものであろう。モモは中国で古くから栽培されていたものが，この時代に朝鮮半島に入ったのであろうか。

畑作物にはアワ，モロコシ，ヒエ，キビ，オオムギ，コムギ，ソバ，ダイズ，アズキがある。アワは櫛目文土器時代から原三国時代までの漢江流域以北に出ているが，南部では三国時代の2遺跡で出土しているにすぎない。モロコシとキビは中部以北の無文土器時代遺跡で出土し，南部での出土例はない。ヒエは原三国時代の楽浪古墳と東南部の古墳で3例出土している。オオムギの確実な例は無文土器時代前期の欣岩里遺跡（漢江流域）だけで，コムギとムギ類は原三国時代の東南部とピョンヤンおよび三国時代の西南部で発見されている。ダイズとアズキは無文土器時代前期にさかのぼるものが漢江流域以北で出土し，南部では原三国時代～三国時代の出土例がある。ソバは三国時代の扶蘇山城の例だけである。この扶蘇山城の畑作物と，マメらしい圧痕のある原三国時代の土器をのぞくと，西南地域（忠清道，全羅道）には畑作物の出土例はない。

この出土例の時代と分布の偏りは，調査の現状によるもので，必ずしも畑作農耕の実態を正確に示すものではなかろう。畑作農耕は北部においては古くから種類が多く卓越していたことは明らかだが，南部では三国時代までまったくなかったわけではない。三国時代の出土例からみても，無文土器時代以降南部もふくめ，全域で畑作が行なわれていたことは確かである。アワは櫛目文土器時代にさかのぼるが，これは中国の黄河流域～東北地方の新石器時代農耕がアワを主作物としていたことと関係があろう。これ以外の作物も無文土器時代前期には栽培がはじまり，朝鮮半島全域にひろまっていたと考えられる。

コメの炭化粒や稲籾圧痕のついた土器は無文土器時代前期以降の遺跡で出土している。最北の例はピョンヤン市南京遺跡だが，漢江流域から南へ出土例が増える。現在のところ畑作物の例がない無文土器時代～原三国時代の西南地域では4遺跡で炭化米や籾圧痕土器が出土している。東南地域でも無文土器時代から三国時代までの出土例がある。

このような出土例と気候条件からみれば，稲作は南部でさかんであり，大同江流域がその北限をなし，それ以北や咸鏡道，江原道北部は非稲作―畑作だけの地域であったことが確実になる。大同江流域では，南京遺跡以降，この地域で稲作がつづいたかもしれないが，その比重は低かったであろう。

副葬例や土器圧痕をのぞき，生活址で炭化米の出た遺跡では，忠清南道松菊里遺跡以外はコメとともに畑作物も発見されている。松菊里遺跡でも粉食用鞍形すりうすが出土しているので，コメのほかに畑作物も作っていたにちがいない。畑作物の共伴は，地域によってそれぞれの比重がことなるにしても，稲作と畑作をあわせ行なうのが当時の農耕の常態であったことをうかがわせる。このような稲作と畑作の結びつきは，稲作が先行する畑作社会にあとから受け入れられ，技術的には畑作用農具を転用・改良することではじまったからであり，稲作開始の当初からの姿であったとみられる。稲作と畑作の結合は，前者が次第に比重を増したとはいえ，南部では三国時代にもひきつがれたにちがいない。

## 3 農耕具の展開

農耕具は石製品から鉄製品にかわってゆく。木製農具も大いに使用されたにちがいないが，まだ出土例はない。青銅製農具は豊富な青銅器の出土にもかかわらず見出されていない。わずかに黄海北道松山里ソルメッコル石槨墓出土の鍬ともみられる鏨斧類似形のものおよび鋳型（全羅南道霊岩）があるだけである（無文土器時代後期中葉）。

鉄製農具の最古の例は慈江道龍淵洞出土の鎌，庖丁，鍬，鋤（いずれも鋳造品）である。鎌は背に隆帯があり，着柄部には折り返しがなく目釘穴があき，のちの鉄鎌とことなる。これとほぼ同時期ないしやや遅れるのは平安北道細竹里遺跡の鍬（鋳造品）と鎌，咸鏡北道虎谷遺跡第Ⅵ期の庖丁（鋳造品）と鎌である。細竹里の鎌の形態は明らかでないが，虎谷の鎌は着柄部に折り返しのある鍛造品である。これらは紀元前3～2世紀，無文土器時代後期前～中葉に平行する。北部の中でもより北側で出土するこれら鉄製農具は中国東北地方の同時代の農具と共通し，庖丁，鍬，鋤は朝鮮半島の他地域にはみられない。

この3遺跡例を除くと，三国時代までは鉄鎌が朝鮮半島唯一の鉄製農具といってよく，種々の鉄製農具があらわれるのは三国時代になってからである。

　鉄鎌は無文土器時代後期後葉の時期に，大同江流域を中心とする西部地域の木槨墓に副葬された例がいくつかしられている。無文土器後期後葉の南部では慶州市九政洞(クヂョンドン)の鉄鎌がほぼ唯一の例であろう。原三国時代にはやや出土例が増えるが，三国時代の出土品（ほとんどすべてが古墳の副葬品）はきわめて多い。大同江流域から南へ，時代とともに増加する鉄鎌はいずれも着柄部に折り返しのある鍛造品で，北から南へ，鉄生産の拡大にともなって伝播したものである。

　耕作具に鉄製品があらわれるのは，確実な出土品によれば三国時代になってからである。ただし京畿道大心里遺跡の鋳造トウグワ(テジムニ)は，本遺跡のもっとも古い土器にともなうとすれば原三国時代初期にあげることも可能である。

　出土資料によれば鉄製耕作具の出現は鉄鎌よりはるかに遅れるようにみえるが，九州の弥生時代中期には耕作具の鉄製刃先が一部にあらわれていること，朝鮮半島南部では原三国時代にはすでに鉄生産がはじまっていることなどにもとづけば，おそくとも原三国時代，はやければ無文土器時代後期後葉に耕作具の鉄器化がはじまったと推定してもよいだろう。今後の土器編年の進展と調査例の増加に期待したい。

　三国時代の鉄製農具は，とくに南部で多くの出土例がある。これらについては有光教一氏と東潮氏の研究がある。東氏は鋳造斧形品を耕起，開墾，土木具としてのトウグワとし，畑作との結びつきを推定している。このほかにU字形スキ，三本鍬，サルポ，鎌などについて，有光氏の研究をふまえてくわしく考察している。また牛耕の導入期を6世紀代を1〜2世紀さかのぼると推定している。

　鉄製品出現前の農具は石製品で，一部に骨角製品がしられている。櫛目文土器時代には凸字形石斧（鍬），大形扁平石器（石鋤），鹿角製鍬（掘棒），石鎌，牙鎌がある。いずれも畑作用農具である。これらは漢江流域以北でおもに出土している。また鞍形すりうす（製粉具）は全域にみられ，無文土器時代にも畑作穀物製粉具としてひきつづき使用されている。

　無文土器時代の石製農具は石庖丁とこれよりはるかに少ない石鎌だけである。石庖丁は種々の形態がある。長方形両刃（孔は1ないし2，無孔もある）と直刃外彎背形両刃（2孔が多い）は北部の畑作地帯，平安北道から咸鏡道に多く，平安南道から京畿道にも分布するものは，片刃が多数をしめる。刃部と背の両方が外彎するものは京畿道以北に分布するが，両刃のものは平安北道と咸鏡道に，片刃のものはそれより南にみられる。外彎刃直背形2孔のものはほとんどすべてが片刃で，平安南道以南に多い。三角形石庖丁は稲作をも行なう京畿道以南に多く，とくに忠清道・全羅道・慶尚道の石庖丁のほとんどすべては三角形と外彎刃直背形である。このように稲作＋畑作の南部から稲作の比重が低い中部をへて畑作のみの北部まで，石庖丁の形態は漸移的に変化し，農耕形態と石庖丁の間に大まかな対応が認められる。これに時間的変化を加えれば農耕文化系統の歴史的推移がたどれるだろうが，これは今後の課題である。

　木製農具はすでにのべたように出土例はないが，忠清南道大田出土と伝える防牌形銅器には三又の踏鋤と鍬を使う人物が鋳出され，実例のない木製耕具の唯一の資料である。

**参 考 文 献**

有光教一「朝鮮半島における鉄製農具の変遷について」末永先生古稀記念古代学論叢，1967
東　潮「朝鮮三国時代の農耕」橿原考古学研究所論集，4，1979
後藤　直「弥生文化成立期の朝鮮半島」歴史公論，74，1981
後藤　直「朝鮮半島における稲作の始まり」考古学ジャーナル，228，1984
池健吉・安承模「韓半島先史時代出土穀類と農具」韓国の農耕文化，京畿大学出版部，1983
西谷　正・東　潮「朝鮮・無文土器時代および原三国時代鉄器出土地名表」たたら研究，22，1978
申敬澈「伽耶地域における4世紀代の陶質土器と墓制」古代を考える，34，1983
崔鍾圭「陶質土器成立前夜と展開」韓国考古学報，12，1983
武末純一「慶尚道の『瓦質土器』と『古式陶質土器』」古文化論叢，15，1985

# 中国

駒沢大学助教授
■飯島武次
（いいじま・たけつぐ）

中国では弥生併行期の後漢代に入って先進的な農耕技術が全土に広まったが，それは日本にも大きな影響を与えたと思われる

　日本の弥生文化の年代を前3世紀から後3世紀と仮定すれば，その年代は中国の戦国時代末期から統一秦，前漢，王莽新，後漢，三国時代（魏・呉・蜀），西晋の時代にあたる。おおよそのところ，いわゆる秦漢時代を中心とした時代と見ることができる。この時代にようやく，日本と中国の初期の国家的な接触が開始されたと考えられ，日本と中国の交流は，中国側の正史に記載された記事によって知ることができる。

　後漢の班固による『前漢書』地理志・燕地の條に，「楽浪海中有倭人，分為百餘國，以歳時来獻見云」とあるのが，中国側の倭に関する確かな記事の最も古いものとされている。ついで，『後漢書』東夷伝・倭の條には，建武中元二年（57年）に倭の奴国王が後漢の光武帝に朝貢し，印綬を授けたとの記録が見られる。このように，西暦を前後して，日本と中国の公式の往来も行なわれるようになったが，このころの中国における農業活動の技術は，きわめて高い水準に達していた。戦国時代以来，鉄製の生産用具は一途に発展してきたが，漢代に入ると鉄器の製作と使用は，戦国時代に比べてさらに広汎なものとなった。とくに武帝およびそれ以後は，鉄器の伝播はさらに迅速となり，鉄製農器具の使用が，日本を含む周辺地区に拡がって行った。中国における高水準の農業生産活動が，そのまま，弥生文化期の日本へもたらされたとは考えられないが，日本の遣使が，漢・魏の都である洛陽に往来していたと仮定するならば，おのずとかの地における農業生産活動を目にし，中国における農業技術の一端が日本に伝播したと考えても不自然ではない。

　秦漢時代の農耕文化を考えるにあたっては広汎な研究課題がある。耕具・播種用具・収穫具・穀物加工具など農器具の研究，灌漑・肥料・貯蔵技術の研究，農業作物と加工・調理された食料の研究などが主たる研究課題となってくる。ここでは，漢代の人間がいかなる食生活をしていたかを考え，その食生活をささえた農耕活動へと話を展開してみたい。

## 1　馬王堆1号漢墓にみる食生活

　漢代の食物資料と農作物資料は，偶然的な理由と思われるが，前漢時代の資料が多い。とりわけ湖南省長沙市五里牌外の馬王堆（まおうたい）1号漢墓からは多くの食物遺物と，葬送にあたっての献立を記入した多数の竹簡が出土している[1]。馬王堆1号漢墓は，軑侯利蒼の妻の墓と考えられ，彼女は前168年の数年後に死亡し，埋葬されたと推定されている。馬王堆1号漢墓から出土した食物は，漢代の太守・宰相階級の葬送儀礼に伴う特殊なもので，前2世紀中葉の一般の食糧事情を全面的に反映しているとは思えないが，しかし，前2世紀の江南における食物事情と，その背後にある農業活動を考える上で一級の資料となりうるものである。

　馬王堆1号漢墓の副葬品である漆器，竹行李，土器の中から食物が発見されている。漆器の鼎からは蓮根を輪切にしたものが，盆からは穀物の粉を焼いた餅状の食物が，小盤からは牛・雉，麺類などの食物が，また甗からも餅状の食物が発見されている。竹行李からも多くの食物が発見されているが，その多くは動物の骨で，肉食品が納められていたと考えられる。竹行李に納められていた肉食品には，羊，牛，豚，犬，鹿，兎，鶴，鶏，鳩，雁，雀，卵などがあった。竹行李に付けられた木札と出土した竹簡の記載をあわせて検討すると，これらの肉食品が，炙（せき）（串焼），熬（ごう）（火で乾かした干物），脯（細かく裂いた干し肉），臘（せき）（小動物の丸ごとの干し肉）などに調理されていたことが知れる。竹行李には肉食品のほか，穀物，野菜，梨・梅などの果実類も納められていたほか，判別しがたい植物の残りかすもある。土器の類にも各種の食物が納められていた。土器の鼎からは鴨，雁，鶏が，盆からは粟をこねて円く焼いた食物が，罐からは浜納豆状の食品，ニラ，豆類，山桃，瓜類の種，梅，稲類の食物，麺類，粟類の食物，牛・鹿・魚の骨などが発見されている。

これら馬王堆1号漢墓から出土した食物に関しての科学的鑑定結果が発表されている[2]。それによると, 穀物および豆類には, 稲, 小麦, 大麦, 黍, 粟, 大豆, 小豆, 麻の実があった。稲には籼と粳が存在し, 粳と糯があり, 長粒・中粒・短粒が併存し前漢初期の稲の品種が改良され, 種類も豊富であったことを示している。麦については, 従来, 江南における麦の栽培は比較的遅いとされていたが, 馬王堆1号漢墓からの小麦や大麦の発見によって, 前漢初期に麦の栽培が, 長沙地区においても相当に一般化していたとも考えられる。瓜・果実類には, 真桑瓜, 棗, 梨, 梅, 山桃があった。被葬者の腸, 胃, 食道からは138粒の瓜の種が発見されている。これらの瓜の種は現在の栽培種の種によく似ており, 栽培されたものと推定される。野菜類には, 葵, 芥子, 生姜, 蓮根などがあった。

馬王堆1号漢墓から出土した竹簡には, 葬送儀礼の献立と思われる料理の名が記載されている。竹簡に記載された内容のなかで, 比較的わかりやすく, 興味のあるいくつかを, 林巳奈夫氏の解釈を参考として以下に示してみると[3],

簡　　1：牛首酢羹一鼎（調味料や野菜を加えない牛の頭のスープが鼎に1ぱい）

簡　13：鹿肉芋白羹一鼎（シカの肉とサトイモのコメ入りスープが鼎に1ぱい）

簡　19：狗巾羹一鼎（スミレの葉入りの仔イヌのスープが鼎に1ぱい）

簡　34：牛脯一笥（牛肉の細くさいた干し肉が行李に1ぱい）

簡　43：豕炙一笥（ブタ肉の串焼が竹行李に1ぱい）

簡　95：離然一資（もちごめとナツメを一緒に炊いた飯が硬質土器のかめに1ぱい）

簡　97：孝楊一資（水飴が硬質土器のかめに1ぱい）

簡 101：叔(菽)一垳（浜納豆の類がつぼに1ぱい）

簡 120：居女(粔籹)一笥（穀物の粉と蜂蜜をこね合わせ, のして火で焼いた菓子が行李に1ぱい）

簡 121：唐(糖)一笥（飴玉が行李に1ぱい）

簡 129：白粲食四器盛（白い粟の御飯が4はい。めしびつにいれてある）

簡 130：稲食六器某二検(奩)四盛（米の御飯が6ぱい。うち2はいは食物を盛る蓋付き容器に, 4はいはめしびつにいれてある）

簡 131：麦食二器盛（麦飯が2はい。めしびつにいれてある）

簡 144：稲白秫(秫)二石布囊二（モチゴメ2石。麻布の袋2つにはいる）

簡 155：稲白鮮米二石布囊二（ウルチゴメが2石。麻布の袋2つにはいる）

などである。馬王堆1号漢墓出土の1群の竹簡に示された前漢初期の食物はきわめて豊富で, 主食, 副食とも種類が多く, 調理方法も非常にこっている。竹簡の記載に見られる調味料には, 水飴, 蜂蜜, 酢, 塩, 浜納豆の類, 麹(こうじ)があり, 酒には濁酒, 甘酒, 醴酒?, 清酒?などがある。穀物を調理加工したものには, 米の飯, 麦の飯, 黄色い粟の飯, 白い粟の飯, 穀物の粉と蜂蜜をこねて焼いた菓子, 小麦粉の菓子, 干し飯に蜂蜜を加えたもの, 煎米, 棗の身をまぶし煎った穀物, 煎った白米などがあった。調理加工法には, スープ, 串焼, 刺身, さっとゆでたもの, 火で乾かした干物, 小動物の丸干し, 蒸物, 煎った物, 煮物, 細く裂いた干し肉, 酢漬などが知られる。

馬王堆1号漢墓出土の食物と竹簡によって, 江南の前漢時における食生活をかなり具体的に知ることができるが, 農作物の植物遺体の発見は, ほぼ中国全土におよんでいる。華北の河南省内では, 稲(粳), 粟, 大麦, 小麦, 黍, 豆, 麻, 高梁, 鳩麦などが, 陝西省内では, 粳黍, 蕎麦(うるちきび そば), 高梁, オリーブ, 稲(糯米), 麦, 粟などが発見されている。一般的な傾向として, 北では粟, 麦, 黍, 高梁, 蕎麦などの穀類の出土が多く, 南では, 稲, 粟, 黍などの穀類のほか, 瓜類, 梨, 山桃, 杏, 梅, 棗など果実の出土が目立つ。

## 2　漢代の農業技術

馬王堆1号漢墓の出土資料に代表される漢代の食糧生産をささえていたのは, 当然のことながら漢代の農業技術である。

漢代に入って農作物の生産量が増大した要因には, 一般的な農耕技術の進歩はもちろんのこと, 多量の鉄製農具の使用が可能になったことがある。それらの鉄製農具には, 犂鏵(りか), 耬鏵, 钁(日本のスキ), 耒, 鏟(ちいさん), 各種の鑱(かく), 鋤(日本のクワ), 各種の鎌などがある。鉄製農具の中でとくに重要なものに鉄製犂鏵の大量使用とその改良がある。鉄製犂鏵の多くは, 前漢中期以降の遺跡から発見され, この時期の出土は, 陝西関中地区に集中し

ている。このことは戦国時代以来，一部に使用されていたV形鉄冠木犂鏵の構造が複雑になり，前漢中期の陝西関中地区においてV形鉄冠鉄犂鏵（鉄製犂鏵）へと発展し，その後，全国的に普遍化したことを示していると思われる。鉄製犂鏵は，西安・咸陽・長安・礼泉・興平・藍田・富平・隴県などからの出土が報告されている。

1975年に，西安市西郊の上林苑の範囲内の貯蔵穴から85点の鉄鏵，犂鏡が出土した[4]。これらの農具には，長さ約30cmほどの大鏵と，長さ10.8～17.5cmほどの小鏵[5]がある。大鏵と小鏵は，しばしば共伴するので，それらに使用上の区別があったと推定される。V形鏵冠の多くは大鏵とともに出土し，あるものは大鏵の刃端にかぶさっている。このほか，興平・藍田県において小鏵が鉄口鋤とともに発見されている。このようなV形鏵冠や鉄口鋤の効用が犂鏵の保護にあることはあきらかで，犂鏵の使用期間を長くするものであった。また各種の犂鏡の発見は，前漢中期以降，耕作目的に応じて犂鏡の形を変えて使用していたことを示している。しかし，前漢時代において，このような高水準の犂鏵を用いていたのは，陝西関中地域に限られると推定される。河南・河北・遼寧・山東・山西・江蘇・貴州省などで発見されるものはV形鏵冠が主で，戦国時代のものよりは改良されているが，やはり，V形鉄冠木犂鏵が使用されていたと推定される。しかし後漢時代に入ると鉄製犂鏵の使用はしだいに広がり，寧夏においても犂鏡が発見されている。陝西省米脂県官庄村の画像石墓や江蘇省睢寧県双溝地区の画像石，山東省滕県黄家嶺の画像石には，牛耕の画像が見られ，犂鏵の使用が耕作の重要な部分をしめていたことが知られる（図上）[6]。

漢代には，播種用具も大いに発展し，耬車（種まき車）の発明があった。山西省平陸県棗園村の後漢の壁画墓には，耬播の図が描かれている[7]。これは1人の農夫が，1牛をつかって，耬車で種をまいている姿である。漏斗の下に3本の耬足がはっきりとみえている。漢代の耬鏵は，遼寧省遼陽県三道壕，陝西省富平県，北京清河鎮，河南渑池県などかなり広い範囲で発見されている。北京の中国歴史博物館には，漢代の耬車の模型が展示されているが，これを見ると漢代の種まき技術が相当に発展し，効率のよいものであったことがうかがわれる。

漢代の収穫用具は，鉄製の鎌が一般的で，鉄鎌には鉤鎌，矩鎌（はつがま），鐼鎌（大鎌）があり，まれに銍（つめがま）（爪鎌）もある。陝西省長安県紅慶村からは，全長34cmほどの鉤鎌が発見されている。鉤鎌は多くの地区の漢墓中から発見されているが，それらは，戦国時代の矩鎌よりも，稲や麦などの収穫に適し，漢代の収穫作業の効率を上げたものと思われる。後漢時代に入ると鐼鎌（大鎌）が出現する。鐼鎌は，四川省綿陽県と牧馬山の崖墓中から発見されている。牧馬山出土の鐼鎌は，全長35cmあり，鎌身は細く板状で基部に方形の銎があって木柄がつくようになっている。これらの鐼鎌は四川省成都羊子山の後漢墓から出土した画像塼の収穫図（図下）の農夫が用いているものによく似ている[8]。この収穫図では，右の2人が鐼鎌を振るい，左の3人は銍（爪鎌）を用いているものと思われ，後漢時代の収穫の様子をよく描写している。

穀物加工の道具として，考古学的資料となる主要なものは，杵，臼，踏碓（ふみうす），磨礴（ひきうす）などの類であるが，これらには，実物のほか，明器として製作されたもの

漢代の農耕図
上：耕耘図〈江蘇徐州画像石〉，下：収穫図〈四川成都画像塼〉

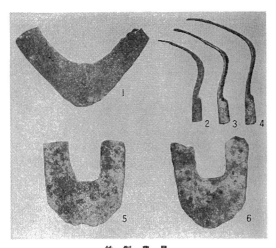

鉄 製 農 具
1：犂鏵（戦国時代）、　2〜4：鐖鎌（漢代）、
5・6：鍤（漢代）

もある。河北省満城1号漢墓では，大型の磨が発見されている[9]。この磨は上下2枚の石磨盤からなり，直径54cm，通高18cmの大きさを有するものであった。磨盤の中央には鉄軸があり，磨盤は漏斗形銅器内に入り込んでいた。漏斗形銅器は，口径94.5cm，高さ34cmの大きさで，内壁の四方向対称に長さ7.5cm，幅2.5cm，厚さ2.5cmの支架が突起している。本来，2枚の石磨盤は，漏斗形銅器内壁の支架に組まれた十字形の木架の上に存在していたと推定され，石磨盤で加工された穀類の粉を，この漏斗形銅器で受け，さらに下に置いた容器におとしたものと考えられる。満城1号漢墓の磨のそばには，馬の遺骸が存在し，磨の回転のために馬力を用いていたことが明らかとなった。前漢の武帝時代に，すでに家畜の力を用いた大型磨が存在していたことを示している。満城漢墓と同時代の馬王堆1号漢墓出土の菓子類を作った粉は，多分このような磨で加工されたものと推定される。馬王堆1号漢墓の菓子や餅の資料と，満城漢墓の磨から，前漢時代に穀物の粉を用いた粉食が比較的一般的なものであったと考えてさしつかえないであろう。

後漢時代の画像塼や墓の壁画には，当時の農耕や農園の風景を描いたものが少なくない。1971年に内蒙古自治区和林格爾後漢墓で発見された壁画には，荘園，農耕，農園，採桑，舂米，穀物倉庫，醸造，果樹園，牧馬，牧羊，牧牛などの場面が描写されていた。農耕場面では，ここでも犂鏵を用いての牛耕を見ることができる。耕された畝は横方向の直線で表現されている。また荘園内には土壁で囲まれた農園が存在し，そこでは鋤（日本のクワ）を用いて小規模な耕作を行なっている。荘園内には土壁で区画されたいくつかの区域があり，それぞれ，馬，牛，豚，羊がはなされている。荘園内の建物の周囲には桑や果樹が植えられ，そこで労働する人物も描かれている。広場には，車で運んだ穀物が積まれ，穀物の一部をむしろに広げて乾燥している。和林格爾の壁画墓の絵によって，後漢時代の地主の荘園の様子と，そこにおける農業生産活動の様子をかなり具体的に知ることができる。和林格爾は内蒙古の地で，長沙とは遠く離れているが，長沙馬王堆1号漢墓に納められていた食物も，江南の同じような農園で生産されたと考えてさしつかえないであろう。

前漢の武帝時代以降の中国の農業は，飛躍的な進歩をとげたと考えられる。これまでに述べたこと以外にも，灌漑，肥料，貯蔵などの技術も進歩し，この時代の農業技術が後の中国農耕社会の基礎をつくった。前漢時代には，先進的な農耕技術がまだ陝西関中地域にとどまっていたと見ることもできるが，後漢時代に入ると，先進的な技術が中国全土に広まって行ったことは間違いのない事実である。前漢，後漢，三国時代と，しだいに日本と中国間の接触が深まるなかで，多くの中国文化とともに，先進的な中国の農耕技術の一部が日本に入ってきたのは当然のことである。

註
1) 湖南省博物館・中国科学院考古研究所編『長沙馬王堆一号漢墓』1973
2) 文物出版社『長沙馬王堆一号漢墓出土動植物標本的研究』1978
3) 林巳奈夫訳「竹簡」『長沙馬王堆一号漢墓』1973, 179〜211頁
4) 陝西省文物管理委員会「建国以来陝西省文物考古的収穫」『文物考古工作三十年』1979
5) 犂鏵の部分名称については，黄展岳「古代農具統一定名小議」『農業考古』1981—1 を参照した。
6) 江蘇省文物管理委員会『江蘇徐州漢画象石』考古学専刊, 乙種十, 1959
7) 山西省文物管理委員会「山西平陸棗園村壁画漢墓」考古, 1959—9
8) 聞宥集『四川漢代画像選集』1956
9) 中国社会科学院考古研究所・河北省文物管理處「満城漢墓発掘報告」『中国田野考古報告集』考古学専刊, 丁種二十, 1980

# 沿海州

筑波大学大学院
臼杵　勲
（うすき・いさお）

沿海州のクロウノフカ文化とオリガ文化期には雑穀農耕，牧畜，狩猟・漁撈という3本だての経済がすでに確立していた

　沿海州地域には，現在，ソビエト連邦・中華人民共和国・朝鮮民主主義人民共和国の国境が存在し，そのために当地域の原始・古代文化は各領内で別々に研究が進められ，それに応じて異なった名称や年代さらには歴史的段階を与えられる場合もある。本稿ではソ連邦における研究を軸として，それぞれの見解について若干の整理をしながら，この地域の弥生時代並行期の文化を紹介してみたい。

## 1　沿海州における弥生並行期の諸文化

　ソビエト連邦沿海州地域における弥生時代並行期の文化としてクロウノフカ文化とオリガ文化が挙げられる。クロウノフカ文化は，中華人民共和国領内では団結文化と呼ばれる。また，朝鮮民主主義人民共和国領内では無文土器のうちの孔列土器を出土する文化にあたる。ソ連領内では，日本海沿岸からハンカ湖付近までの地域に分布が知られており，さらに綏芬河流域や豆満江流域までをも含めた広い領域に存在していた。ソ連領内では，オリガ文化の領域もクロウノフカ文化と大きな違いはなく，ボリシャヤ・ウスルカ川流域のようなクロウノフカの領域よりやや北の地域でもいくつか遺跡が確認されているにすぎない。

　ジェ・ヴェ・アンドレーエヴァによれば，クロウノフカ文化は紀元前1千年紀後半から紀元初頭頃まで，オリガ文化はそれに後続するものと考えられている[1]。このような連続は，層位的にもブロチカ丘遺跡で確かめられている。また，クロウノフカ文化の実年代を示す資料として，セミピャトナヤ谷遺跡で紀元前910±80年という放射性炭素年代が得られた。しかし，中国側の団結文化の諸遺跡で得られた放射性炭素年代は，最も古いものが紀元前420年±105年，最も新しいものが紀元65±85年であり，アンドレーエヴァの推定と一致する結果が提出されている[2]。その他に，クロウノフカ文化に所属するイズヴェストカヴァヤ丘の石棺墓で，古式の細形銅剣・銅鉾・多鈕鏡など

が出土しており戦国後期から前漢ころの年代が推測され[3]，さらに団結遺跡では前漢代の五銖銭が出土している。これらの資料からみて，クロウノフカ文化に与えられた年代はほぼ正しいものとしてさしつかえないと思われる。

## 2　クロウノフカ文化の内容と生業

　クロウノフカ文化期の遺跡は，低い河岸段丘上や丘上のような高い場所に立地する。住居は半地下式のものが多いが，クロウノフカ村遺跡では地上住居や杙を用いた小屋も存在した。オンドル状の施設を持つ住居も多い。

　クロウノフカ文化の指標となる土器には，胴部の張った卵形ないしは円筒形の甕，多孔の甑，高杯，鉢形のものがある。甕には切株状の突起を持つものが存在する。色調は赤ないし黄褐色，器面にはやや光沢が見られる。胎土には，石英や珪石粒を多く混入している。ほとんどが無文である。

　石器には，石斧，石庖丁，砥石，錘，石鏃などがある。鉄器には，有袋鉄斧や刀子が存在する。鉄製刀子には，石庖丁の形制に近いものが存在する。鉄器の出土は以前のヤンコフスキー文化期から知られ，クロウノフカ期には出土量が増加し逆に石器が減少することが，ソコリチ遺跡などで確認されている。この点から，ソ連の研究者は，ヤンコフスキー文化を初期鉄器時代前期，クロウノフカ文化を初期鉄器時代後期の段階に位置づけている。

　鉄器以外の金属製品として，青銅器も存在し，アレニー1遺跡やペトロフ島遺跡では，冶金作業を行なった遺址が発見されている。製品としては鍑などの容器が出土している。

　家畜動物の骨が，クロウノフカ村遺跡やソコリチ遺跡で出土している。クロウノフカ村遺跡ではブタ・ウシ・ウマ・イヌが，ソコリチ遺跡では，ウシとブタの骨が出土している。また，野生動物の遺存体としては，イノシシ・オオジカ・シカのものがある。イノシシの牙を利用した装飾品も存

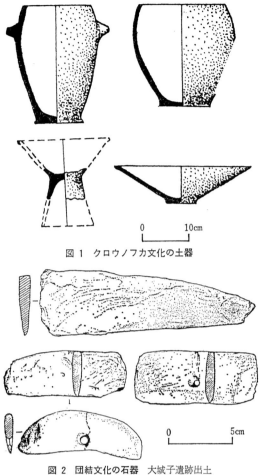

図1 クロウノフカ文化の土器

図2 団結文化の石器 大城子遺跡出土
(『考古』1979—1 より)

在する。

　以上のような出土品から，クロウノフカ文化の経済を推測してみると，まず農耕・牧畜の存在は明らかである。ソ連領内ではクロウノフカ文化の栽培植物の遺存体は明らかではないが，クロウノフカ文化にあたる咸鏡北道茂山鳳儀遺跡ではキビとモロコシが出土している。中国領内では，団結文化に近い内容を持つ牡丹江流域の東康遺跡でアワとキビの種子が出土している[4]。さらに，アレニー1遺跡とエカチェリノフカ村付近遺跡で以前のヤンコフスキー文化期の層からキビの種子が，マラヤ・パドゥシェチカ遺跡のやはりヤンコフスキー期の層からオオムギの種子が出土している。クロウノフカ文化期にもこれらが栽培植物として用いられた可能性は高いと思われる。収穫用具としては，もちろん石庖丁およびそれに類似する鉄器，耕作具としては大型の石斧や鉄斧が考えられている。

　また，狩猟とともに漁撈もクロウノフカ文化期の経済において，重要な役割を占めており，日本海沿岸のキエフカ遺跡などでは，多量の石錘が出土している。

## 3 オリガ文化の内容

　オリガ文化の遺跡は，河川流域，海岸沿いに存在している。シニェ・スカルィ遺跡では，長方形の半地下式住居が発見されている。また，オンドル状の設備を持つものが，セニキナ・シャプカ遺跡やマラヤ・パドゥシェチカ遺跡で発見された。

　この時期の土器は，外反する口縁と強く張りだした胴部を持つ壺，甕，高杯，鉢などの器形を持つ。焼成はクロウノフカ期のものと大きな変化はない。この時期の特徴として，装飾を持つものが現われる点が指摘できる。装飾には，沈線文，指による押圧文，粘土紐の貼付，叩き目などがある。

　オリガ文化期にも石器は残存し，石斧や石庖丁などが出土している。量的にもまだ比較の多いものの，鉄器の占める割合は増加している。ペシチャヌイ半島における出土品の割合を見ると，ヤンコフスキー文化期には石器が99％で鉄器は1％のみであったが，オリガ文化期には，石器が61％で鉄器が31％，青銅器が8％を占めている。石器の中には錘などもかなり含まれており，また鉄と石との遺存の条件なども考慮に入れると，農工具についての割合はこの数字以上に近接するだろう。また，この時期の鉄器は，その種類が増えていることも指摘されている。とくに注目されるのは鉄鏃・小札などの武器，それに鎌と鋤という新しい農具の出現である。その他に，鉄斧，刀子，さらに鉄製の装飾品も発見されている。

　青銅器については，鋳型がシニェ・スカルィ遺跡で発見されており，その製作が行なわれたことが判明しているが，ほとんどが装飾品である。

　家畜獣の骨は，マラヤ・パドゥシェチカ遺跡とシニェ・スカルィ遺跡で出土している。前者では全獣骨の67％を，後者では99％を家畜のものが占めている。種類として，ブタ・ウマ・大型有角家畜・小型有角家畜が挙げられている。

　栽培植物の遺存体として，マラヤ・パドゥシェチカ遺跡ではキビの種子が，シニェ・スカルィ遺跡では，粥状になったオオムギが出土している。

　上記した資料を基にするかぎりでは，オリガ文

73

化期の生業形態は，クロウノフカ文化と基本的な違いはないように思われる。なお，オリガ文化期の出土品（とくに青銅製装飾品）を見ると，後の靺鞨文化あるいは渤海文化のものが含まれており，オリガ文化の設定にやや不明確な部分があることを指摘しておきたい。

### 4 周辺地域について

ここで周辺地域の諸文化の生業についても若干ふれておきたい。アムール中流域でクロウノフカ・オリガ両文化に並行すると考えられるのが，ポリツェ文化である[5]。ポリツェ文化は，ア・ペ・デレビャンコにより3期に区分されているが，その第2期にあたるポリツェⅠ遺跡では火を受けた全住居からキビの種子が出土した。それらは，大型の土器の中などに保存されていた。家畜としては，ポリツェⅠ遺跡ではブタとウマ，アムール・サナトリー遺跡ではブタの骨が発見された。また注目されるのはブタ形の土偶であり，それが上記の鳳儀遺跡から出土したブタ形土偶と関係するであろうことが，加藤晋平により指摘されている[6]。ポリツェ文化には，釣針・錘などの漁具も見られ，河川を利用した漁業が行なわれたことを示している。

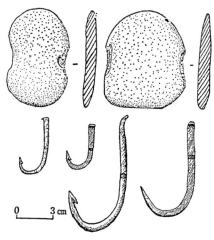

図4 ポリツェ文化の漁具

中国東北地方では，上記したように東康遺跡でアワとキビが出土している。また，それにややさかのぼりおそらくクロウノフカ文化よりも少し前の時期となる，鏡泊湖付近の鶯歌嶺遺跡上層でもブタ形の土偶が出土している[7]。骨角製品の出土も多く，この時期はかなり狩猟・漁撈も行なわれたことが推定されている。

### 5 結 語

以上より，沿海州，アムール河流域，中国東北地方には，雑穀農耕，ブタを中心とした牧畜，狩猟と漁撈という3本だての経済が，弥生時代並行期にはすでに確立していたことがわかる。『後漢書挹婁伝』は沿海州が五穀を産出し，ブタがよく飼育されていることを伝えている。五穀の内容が明らかではないが，このような状況は，考古学的にも証明されたといえよう。

註
1) ジェ・ヴェ・アンドレーエヴァ『原始共同体期の沿海州―鉄器時代』1977
2) 林 澐「論団結文化」北方文物，1，1985
3) 岡内三真「朝鮮における銅剣の始源と終焉」『小林行雄先生古稀記念論文集』所収，1982
4) 黒龍江省博物館「東康原始社会遺址発掘報告」考古，1975―3，1975
5) ア・ペ・デレビャンコ『紀元前1千年紀の沿アムール』1976
6) 加藤晋平「ソ連邦極東南部地区―沿アムール・沿海州」『三世紀の考古学』上所収，1980
7) 黒龍江省文物考古工作隊「黒龍江寧安県鶯歌嶺遺址」考古，1981―6，1981

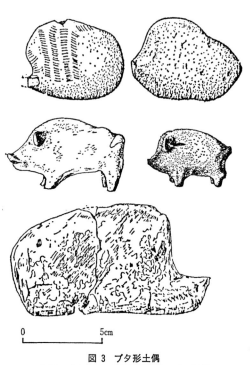

図3 ブタ形土偶
上列：ポリツェ，中列：鶯歌嶺，下：鳳儀

# 北西ヨーロッパ

東京大学助手
■ 西田泰民
（にしだ・やすたみ）

北西ヨーロッパにおける動物性と植物性食料の比重は今後の研究課題であるが，いぜんとして野生植物も利用されていた

## 1 ケルト人・ゲルマン人の食生活

弥生併行期の北西ヨーロッパといえば，鉄器時代後期からローマ支配期にあたるが，ここではおおまかに前1千年紀の様相を中心に述べてみたい。この時期には部族ごとのまとまりができ，組織立った交易も行なわれていた。また，ローマとの接触があり，ローマ人やギリシア人が住民の習慣や民族的特徴を書き残しているという点を見れば，弥生時代と共通する一面があるといえるかもしれない。

農耕は始まってすでに4000年あまりが経過しており，その形態には変化が起きていた。新石器時代では小麦がどの地域でも主要作物であったが，青銅器時代以降，穀類の種類は増えていく。また農具も鉄器時代には，当然のことながら鉄製となり，手持ちの鎌から大鎌への転換もこの頃なされる。そして，遺構として，明確に区分された畑が確認されるのも前1千年紀からである。

まず，古代人がギリシア語，ラテン語で書き残した史料から，ケルト人，ゲルマン人と呼ばれた人々の食生活を探ってみよう。古代ローマにおいては，食に関する関心は高く，アピシウスによる料理書が今日まで伝わっている。アテナエウスは，先人の書物を元に食事や宴会についての記録を残しており，その中にケルト人の記述もある。その他，ポセイドニオス，カエサル，タキトゥスの記録がある。それらを総合すると，ケルト人，ゲルマン人たちは肉類を主にした食生活をしていたようである。ウシ，ブタ，ヒツジといった家畜の肉が煮るか，あぶるなどして調理された。穀類は大麦，小麦，ライ麦，オート麦などで，粥やパンとした。南の地方では地中海方面からワインが輸入され，珍重されたが，その他の地方や貧しい階級ではビールが飲まれていた。また，河岸，海岸地方では，塩，酢，カミンで味つけした魚を焼いたものが食されたという。

ヨーロッパでは，現在もそうであるが，食は肉が主である。農耕社会というと何となく植物性食料ばかりを思い浮べてしまうのは偏った先入観といえよう。ただ動物性食料の占めていた割合には，地域差があったと思われる。当時，すでに機能が分化した町邑が出現しており，ローマ人がオッピドゥムと呼んだような政治的軍事的または商業的中心地と一般の農村とでは当然のことながら食生活は異なっていたと考えられる。しかし，残念ながらその違いを明確にできるほどのデータは得られておらず，鉄器時代全般についても食料についての知見はとても十分とはいえない状況である。時代が降るにつれ，生業への関心が薄まる傾向があるのは，各国の考古学に共通のようである。

## 2 動物性食料

出土動物骨からの食生活復原を次に検討してみたい。ハルシュタット文化期の大集落であるドイツ南部のホイネブルグ Heuneburg では，5,000 kg にも及ぶ出土動物骨のうち，95％が家畜獣のものであった。その過半数がウシで，ブタがそれに次ぐ。ヒツジ，ヤギの割合はかなり少なく，ウマ，イヌ，ニワトリがわずかにある。時代が下って，ラ・テーヌ文化期のオッピドゥムであるドイツ中部のマンヒング Manching では，40万点の動物骨のうち野生獣の割合はわずか0.2％であった。家畜獣の内訳はホイネブルグ同様の順位で，ウシが43％，ブタ32％，ヒツジ・ヤギ19％，そしてウマ，イヌ，ニワトリが続く。ボスネックらによると，マンヒングの存続期間を約100年とすると，年間約154tの肉が消費されたことになるという。さらに時代が下り，紀元前後から4～5世紀にわたる北ドイツの集落フェデセン・ヴィエルデ Feddersen Wierde でも7万点の動物骨のうち，ウシが半数近くを占め，ヒツジ，ウマ，ブタ，イヌの順となっている。戸数が25戸程度となる集落の最盛期における家畜用施設数から推定されるウシの頭数は400頭を超える。北海沿岸，ユトランドでも同様にウシが主で，ヒツ

ジ，ヤギがそれに次ぎ，ブタは少ない。これはブタが冷涼湿潤な森林を好み，ウシは草原に適するという生態学的な要因にもよっており，アルプス北部の森林地帯ではブタが多いようである。

野生獣は先にみたように食生活における比重はかなり低くなっており，マンヒングなどで出土するものはスポーツとしての狩の獲物ではないかと考えられている。種類は多岐にのぼり，ノウサギ，アカシカ，ノロジカ，ヘラジカ，イノシシ，クマ，オオカミ，ヤマネコなどの他，鳥類も多くの種類が捕獲された。漁撈も行なわれ，マンヒングでもナマズ，コイ，カワカマスの骨が出土している。

### 3 植物性食料

続いて，植物の利用について概観してみたい。先に述べたように，青銅器時代以降，大麦，オート麦，カラス麦などの比重が高まり，鉄器時代にはライ麦も次第に普及する。どのような植物が集落に持ちこまれているかは，その遺存体が出土するか，その圧痕が何かに残されているかによって知られる。しかし，通常そのような遺存体は炭化したために土中に保存されたものであるため，利用の仕方によって炭化される機会の多い植物と少ない植物があることを考えると，遺跡から出土した遺存体の種類ごとの量比から，栽培ないし採集された植物の量比を導き出すのは難しいといわざるをえない。逆にこれを利用して植物の加工の仕方を推測することも可能である。また，土器についた圧痕からも手がかりは得られるが，それはあくまで土器の製作地でつけられたものであることを注意しなければならない。先に述べたホイネブルグとマンヒングでは，植物遺存体は出土していないため，土器の圧痕の検討が行なわれた。ホイネブルグでは出土土器片の3.5％に植物圧痕が認められ，小麦，大麦，オート麦，カラス麦，ライ麦，豆類の他，野生有用植物も多く見い出された。穀類のうち大麦は40％，小麦類は46.3％を占めていた。それに対し，マンヒングの土器ではアインコルン小麦，スペルト小麦，エンマ小麦の圧痕しか認められず，そのほとんどすべてが頴の部分であった。これらは土器製作中に偶然ついた圧痕ではなく，胎土に意識的に混入された混和材と考えられる。そのためマンヒングの利用植物については有効なデータが得られていない。

鉄器時代の食用植物の貴重なデータはデンマークで得られている。1949年ユトランド半島西部のガディン Gφrding の発掘で，前ローマ鉄器時代（前2～3世紀）の住居から発見された小型土器に約95ccの炭化した穀粒，種子が残されていたのである。表にみるように約70％は六条オオムギ（裸麦）で，その他は採集された植物であった。ヘルベックによると，土器はよく副葬品として見られるもので，大きさから見ても食器と考えられるため，内容物は食物そのものではないかという。また大麦以外の野生植物には畑に生えていないものがあり，意図的に採集されたものであると述べている。ことにオオイヌタデ，シロザ，オオツメクサといった植物の種子は同時代の住居から炭化物として発見されることが多く，土器にもこれらやソバカズラの圧痕がよく見られるという。野生植物は特殊例ではなく，他の地域においても報告されている。先に述べたホイネブルグの土器にもその圧痕があり，オランダでも遺跡から出土している。上記穀類に準じるものの他に，採集された植物には，堅果類（ハシバミ，クリ，クルミなど），果物類（プラム，イチゴ，ラズベリーなど）があり，リンゴ，ナシは栽培されていたらしい。その他の栽培植物にはマメ類があり，そして油の原料としてアマ，アマナズナが重要な作物であった。さらにニンジンの出土が報告されており，野菜類，キノコ類も食されていたことであろう。

調理法や料理の内容については，先の文献史料が示しているほか，もう一つ，やはりデンマークで重要な発見がなされている。デンマークには泥炭沼が多く，燃料とするために泥炭の採掘が古くから行なわれ，その折に人の遺体が発見されることがしばしばあった。その中で1950年発見のトルン Tollund と1952年発見のグラウバレ Grauballe の2遺体は消化器内に内容物が残っていたことで著名である。双方とも年代は後3世紀頃とされる。彼らの摂った最後の食事は穀類と野生植物の実，種子からなる粥かスープのようなものであったらしい。ガディンの土器の内容物と比較すると興味深いが，これが通常の食事であったかどうかは確かでない。というのは，供犠のためか，あるいは罰のためか，一方は首を絞められ，一方は喉を掻かれて死んでいたのであり，殺されるのを目前にした者に普通人と同じ食事が与えられるとはいい切れない。ただ，この時期に野生植物が食用とされていたことは明白である。

植物リスト（種まで同定されたもの）

| 種　名 | ガディン | トルン | グラウバレ |
|---|---|---|---|
| ヒ　エ |  | △ | ○ |
| エノコログサ |  |  | △ |
| アワガエリ | △ |  | △ |
| スズメノヤリ |  |  | △ |
| ス　ゲ | △ |  | △ |
| ア　シ |  |  | △ |
| *Sieglingia decumbens* (L.) Bernh |  |  | △ |
| ホソムギ |  |  | ◎ |
| *Crepis capillaris* (L.) Wallr |  |  | ○ |
| ヤネタビラコ |  |  | ◎ |
| イヌムギ |  |  | ◎ |
| カモジグサ |  |  | ◎ |
| オート麦 |  |  | ○ |
| シラヂカヤ |  |  | ◎ |
| ミヤマコメススキ |  |  | ○ |
| タライチゴツナギ |  |  | △ |
| イチゴツナギ | △ |  | △ |
| タビラコ |  |  | △ |
| *Leontodon autumnalis* L. |  |  | △ |
| ノゲシ |  |  | △ |
| オヘビイチゴ |  |  | △ |
| *Aphanes arvensis* L. |  |  | △ |
| ウツボグサ |  |  | ○ |
| *Myosotis arvensis* (L.) Hill |  |  | ○ |
| イヌホオズキ | △ |  | ○ |
| セイヨウノコギリソウ |  |  | ○ |
| カミルレ |  |  | △ |
| ミチヤナギ |  |  | ○ |
| オオイヌタデ | ◎ | ◎ | ◎ |
| ハルタデ | ○ |  | ○ |
| チシマオドリコ |  | ○ | ○ |
| ヘラオオバコ | △ | △ | ◎ |
| オオバコ |  |  | ◎ |
| ソバカズラ | ◎ | ○ | ◎ |
| ヒメスイバ | △ | △ | ◎ |
| ギシギシ |  |  | △ |
| テングクワガタ |  |  | △ |
| *Veronica polita* Fr. | △ |  | △ |
| *Rhinanthus f. minor* L. |  |  | △ |
| シャグマハギ |  |  | △ |
| *Lepidium latifolium* L. | △ |  | △ |
| スミレ | △ | ○ | △ |
| ア　マ |  | ◎ | △ |
| シロザ | ◎ |  | ◎ |
| *Chenopodium* sp. |  |  | ◎ |
| ウマノアシガタ |  |  | ○ |
| ハイギンポウゲ |  |  | △ |
| カラクサケマン | ○ |  | △ |
| グンバイナズナ |  | △ | △ |
| ナズナ | ○ | △ | △ |
| エゾスズシロ | △ |  | △ |
| アマナズナ | ○ | ◎ | ◎ |
| ミミナグサ |  |  | △ |
| コハコベ | ○ | △ | △ |
| ハコベ |  |  | △ |
| オオツメクサ | ◎ |  | ◎ |
| シオツメクサ |  |  | ◎ |
| 小　麦 |  |  | △ |
| ライ麦 |  |  | △ |
| 大　麦 | ◎ | ◎ | ◎ |

△…1〜数個，○…多数，◎…非常に多数
和名はなるべく近いものをあげた。

最後に，カロリー源として動物性と植物性食料のどちらが重きをなしていたかという問題に触れておこう。残念ながらこの問題を解く有効な手だてはまだない。穀物の花粉とある種の野生植物の花粉の比から耕作より牧畜が主体であったと結論づける研究もあり，また一世帯7〜8人で20頭あまりのウシを飼い，耕作面積が3haとすると，動物性と植物性食料のカロリーがほぼ半々でまかなわれるという計算もあるが，あまり説得性のあるものではない。最近，ヨーロッパでも糞石の研究が行なわれていると聞くので，より確かなデータはこの方面から得られるものと期待される。末尾になったが貴重な文献を貸与下さった佐原眞，藤本強，山浦清の諸先生に厚く御礼申し上げる。

文　献

Barker, G.: Prehistoric Farming in Europe, Cambridge University Press. 1985

Brothwell, D. & P.: Food in Antiquity, Thames and Hudson. 1969

Ennen, E. and W. Janssen: Deutsche Agrargeschichte, Steiner. 1979

Filip, J.: Celtic Civilization and its Heritage, Collet's. 1977

Helbæk, H.: Ukrudtsfrø som Næringsmiddel i førromersk Jernalder, Kuml. 1951

Helbæk, H.: Prehistoric Food Plants and Weeds in Denmark, Danmarks Geologiske Undersøgelse II, Række, Nr. 80. 1954

Helbæk, H.: Grauballemandens sidste måltid, Kuml. 1958

Hoops, J.: Reallexicon der germanischen Altertumskunde, 2 Aufl., Walter de Gruyter, 1973〜

Jankuhn, H. et al.: Deutsche Agrargeschichte I, Eugen Ulmer. 1969

Jankuhn, H. et al.: Das Dorf der Eisenzeit und des frühen Mittelalters, Vandenhoeck & Ruprecht. 1977

Jensen, J.: The Prehistory of Denmark, Methuen. 1982

Körber-Grohne, U.: Pflanzliche Abdrücke in eisenzeitlichen Keramik, Fundberichte aus Baden-Württemberg 6. 1981

van Zeist, W.: Palaeobotanical Studies of Settlement Sites in the Coastal Area of the Netherlands, Palaeohistoria XVI. 1974

Wells, P.S.: Farms, Villages, and Cities, Cornell University Press. 1985

Athenaeus: Deipnosophistai, Gulick, C. B. 訳, Loeb Classical Library, Harvard University Press, 1927-41

# 新大陸
## ―核地域と周辺地域と―

国立民族学博物館助教授
■ 小谷凱宣
（こたに・よしのぶ）

トウモロコシは紀元前後に現在の大きさに近いものになったが
その初現から定着的農村の成立までには 3～4,000 年かかった

いま世界で主要な穀物と考えられているのはムギ類，イネ，トウモロコシである。これらの穀物を主体とする農耕は，ジャック・ハーランのいう中近東，北中国，メソアメリカでまず成立し，徐徐に周辺地域に伝播していったことが考古学的に跡づけられる。

本稿で問題とするメソアメリカと日本は，それぞれトウモロコシとイネに特徴づけられる地域であるが，メソアメリカはいうまでもなく新大陸農耕のセンターであるのにたいして，日本は東アジアのセンターである北中国からの影響を受けて農耕社会へ発展していった周辺地域である。

いい古されてきたことであるが，水田稲作の形で稲作が日本列島に導入されてから，比較的短い時間で水田稲作はほぼ全国的に伝播し，日本列島は農耕社会に移行した。この移行が完了したのが弥生時代である。

メソアメリカ地域では，それでは，農耕体系の成立過程にどのようなことがおこったのか。主要作物のトウモロコシの栽培とそれを支えていた居住形態とに焦点を合わせ，眺めてみたい。そして，そこから日本列島の農耕社会への移行の特質を考えてみたい。

## 1 新大陸の農耕体系

食料生産，農耕社会，定着生活は，かつてV.G.チャイルドにより同時に成立したと仮定されたことがある。それは長い人類史において，採集狩猟経済の段階では遊動的居住形態が基本であり，食料生産が始まって初めて定着的村落が成立したという単系文化進化論の図式に基づくものであった。

この仮説が成立しないことが広く認められたのは1969年のアメリカ考古学会における初期農耕に関するシンポジウムの席上であった。メソアメリカ，メソポタミア両地方の考古学的研究の知見がその根拠であった。つまり，農耕を実施していても，採集狩猟よりも食料供給の割合が低い先史社会が存在すること。農耕社会と呼べるほど，高い比率の食料が農耕により供給されていても，集落に定着性がみられない例もあること。採集狩猟経済に基礎を置く定着的集落が存在することなどであった。新大陸の農耕はトウモロコシ，マメ類，ウリ類の栽培を特徴とする。これらの農耕作物の原産地は核アメリカとよばれる，メキシコから南米のペルーにかけての広い地域である。そのなかで，これらの農作物の成立過程が比較的よくわかっているのは，メキシコ南部のプエブラ地方と北東部のタマウリパス地方である。

プエブラ，タマウリパス両地方の調査により明らかにされてきた重要な事実は次の三つに要約される。第一は，栽培作物の初現からトウモロコシ＝マメ＝ウリ農耕体系が食料供給源として成立するまでにかなりの長い時間（4～5,000年）を要したことである。その間，栽培作物の種類は増加し，それらの遺伝学的改良が行なわれ，それにつれて栽培作物の出土量も増加し，植物利用のための道具類の発展・改良も行なわれたと考えられる。

第二に重要なことは，栽培植物のすべてが1カ所で栽培化されたわけではなく，複数の栽培化の中心地が存在したと考えられることである。これらの栽培作物は地域間の交流で広範囲に伝播し，また，各種の雑種交配により品種改良がなされたと考えられる。ここに挙げた二地域だけで栽培化が始まったのではなく，他にも初期の栽培化に貢献した地域があったと解釈できるが，いまのところその証拠になる具体的な事実は存在しない。

第三に注目すべき事実は，タマウリパスおよびプエブラ地域はいずれも乾燥地帯にあり，自然環境の面では恵まれない地域に属する。このような厳しい環境のもとには，利用可能な動植物食料資源を最大限に利用するデザート文化が存在していた。換言すれば，新大陸の農耕は，恵まれた自然環境のもとではなく，乾燥地帯を中心とする多数

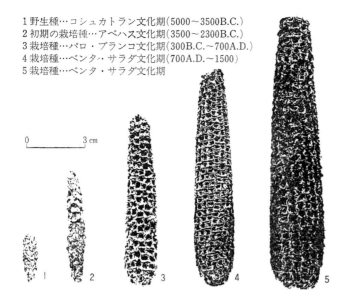

1 野生種…コシュカトラン文化期(5000〜3500B.C.)
2 初期の栽培種…アベハス文化期(3500〜2300B.C.)
3 栽培種…パロ・ブランコ文化期(300B.C.〜700A.D.)
4 栽培種…ベンタ・サラダ文化期(700A.D.〜1500)
5 栽培種…ベンタ・サラダ文化期

野生種および栽培種のトウモロコシの大きさの時代的変遷
(Mangelsdorf ら 1967 より)

の複雑な生態圏が狭い地域に混在するような地域で成立したといえる。

## 2 生業活動と居住形態の変遷

 以上の特徴をふまえて，メソアメリカ地方の農耕社会成立過程についての最も説得力のある仮説は，1968年に発表されたK.フラナリーの主張である。彼は正のフィードバックの概念を応用してデザート文化の採集狩猟の段階から，野生のイネ科植物の利用が始まりそれが徐々に重要性を増し，やがては植物栽培が重要な経済基盤を占めるにいたる過程を説明している。ここでいう正のフィードバックとは，あるシステムのなかに新しい要素(この場合はイネ科植物の利用)が生まれ，最初はとるに足らないほどの存在であったのに，それのもつ潜在的な有利さのために次第に重要な位置を占めるようになっていく現象をいう。その過程で，「季節性」と「選択」の2つのメカニズムが作用し，各生業活動を調整・修正していくと説明している。

 プエブラ，タマウリパス両地方の各遺跡から出土した遺物と遺跡の立地条件，動植物相を検討した結果，デザート文化期（前5,000年まで）の生業活動は，主として(1)リュウゼツランの採集，(2)サボテンの実の採集，(3)樹木性マメの採集，(4)シロオジカの狩猟，および(5)ワタオウサギの狩猟から構成されていた。これらの動植物が採集・狩猟できる場所は相互に異なる微生態圏であり，利用可能な季節も重複することがある。したがって利用可能な季節と場所が重複するときには，どちらかを選択せざるをえない。

 この選択が行なわれたと想定できる根拠は，(イ)乾期のキャンプ，(ロ)雨期のキャンプ，および(ハ)植物利用の優先の現象にみられる。乾期のキャンプは一般に小規模で，せいぜい数家族からなる小バンドの居住地であったと解釈できる。雨期のキャンプは比較的規模が大きく，複数のバンドの集合体と想定されている。動植物資源が同時に利用可能なときには，まず植物性食料が採集され，動物性食料は放棄されたと解釈される。この植物性食料への依存は，植物のほうがより安定した食料資源であるという性質を考慮すると容易に説明できる。いい換えれば，乾期には小バンドに分かれて生活を送り，雨期には比較的豊富な植物性食料の集中する微生態圏にやや大きなバンドを構成し，一年を通しては季節的に遊動的な生活をしていたのであろう。

 さて，紀元前5〜6,000年ごろから，トウモロコシをはじめとする栽培植物が登場してくる。これらは野生の状態でも利用されていたと考えられるが，どの時点で栽培化されたかは明らかではない。初期のトウモロコシは粒も穂も小さかったが，品種改良により次第に大きくなってきた。そして，紀元前後には現在の大きさに近いものになった。トウモロコシの形態的変化（大型化）は，当然のことながら，トウモロコシの食料供給量の増大と食料供給源としての重要性の増加を意味した。他のマメ類，ウリ類についても同じことがいえるようである。

 トウモロコシを中心とする農耕体系が重要性を増すにつれ，従前の生業活動が修正されるのは当然であった。その修正の過程で，潜在的により効率のよいものの利用，動植物資源の利用が重複するときには植物資源の利用を優先するという原則が作用していたようである。植物利用は農耕作物の利用が中核をなし，野生動物の狩猟は重要性を減じ，渡り鳥の狩猟がとってかわった。その結果として，トウモロコシを中心とする新大陸農耕のもとに定着性の高い農耕村落が成立した。この年

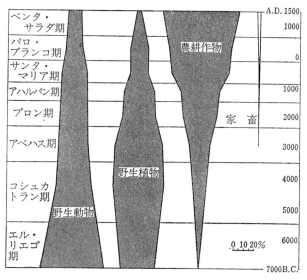

主要食料源の相対的重要性の時間的変化 (MacNeish 1967 より)

代は，トウモロコシの大型化の完成よりもやや早く，前2000～1500年のことであった。

　農耕作物の初現から定着的農耕村落の成立まで，なぜ3～4,000年もの長い時間を要したのか。一つの要因はトウモロコシの大きさであろう。トウモロコシ (Zea mays) はイネ科の一年草である。前5,000年ごろには，背丈の低い，実もわずかしかない，2～3cmの長さの穂をもつだけであったが，栽培化と改良につれて大型化した。紀元前後には穂の長さは約10cm，14～15条ほどの大きさになった。この大型化に関与する遺伝子の数は，小型植物のそれに比較すると多かったことが想像される。いい換えれば，植物体が大型であったがゆえに，栽培初期の矮小なトウモロコシが大型化し，食料供給源として安定するまでに時間を要したといえよう。そのために，遊動的な居住形態が定着化するまでにかなりの時間がかかったのであろう。

## 3　周辺地域の特徴

　トウモロコシの栽培化から定着生活の成立までの過程を概観してきたが，メソアメリカで認められることがムギ類やイネが栽培化された地域でも観察されるかどうかは，将来の問題として残る。

　さて，メソアメリカで観察された現象をもとに日本列島の農耕社会の成立過程を眺めてみたい。縄文時代晩期に西日本に水稲耕作が広まるまでは，栽培活動が多少行なわれていたとはいえ，経済基盤は採集狩猟漁撈にあったことはほぼ間違い

ない。最初に触れたように，水田耕作がひとたび導入されると，その伝播は極めて速く，急速に農耕社会に移行していった。その速度は，メソアメリカの場合を考慮すると，少なくとも3～4倍であったともいえよう。

　日本で採集狩猟社会から水稲農耕社会への移行が速かった要因の一つは，稲作受容当時（縄文時代）の定着的生活にあると私は考えている。なぜなら，イネはその生育期間に集約的な労働力の投入を必要とする作物であり，それを春の種籾の処理から秋の収穫まで連続的に行なうことは，1ヵ所に定住していて初めて可能だからである。その意味で，縄文時代にみられる居住形態の定着的傾向は，水田農耕の受容に最も適したものであったといえる。

　また，考古学的知見によると，日本に導入された水田耕作は，ほぼ現在の形に近いもので，いわば水田耕作は完成された形で取り入れられたとみなしてよい。このような場合には，メソアメリカでみられたような3～4,000年におよぶ実験と試行錯誤は不要である。このような完成した農耕体系を，そのままセンターから導入できたのは，日本列島のおかれた周辺地域のもつ特質でもある。

### 文献目録

Byers, D. S. (ed.), *The Prehistory of the Tehuacan Valley: Environment and Subsistence*. Vol. 1. Austin: University of Texas Press. 1967

Flannery, K. V.: Archaeological systems theory and early Mesoamerica. In B. J. Meggers (ed.), *Anthropological Archeology in the Americas*. Washington, D. C.: Anthropological Society of Washington. pp. 67-87, 1968

Flannery, K. V.: The origins of agriculture. *Annual Review of Anthropology* 2: 271-310, 1973

Harlan, Jack R.: Agricultural Origins: Centers and Noncenters. *Science* 174: 468-474, 1971

Kotani, Yoshinobu: Evidence of Plant Cultivation in Jomon Japan: Some Implications. *Senri Ethnological Studies* 9: 201-212, 1981

Nishida, Masaki: Tha Emergence of Food Production in Neolithic Japan. *Journal of Anthropological Archaeology* 2: 305-322, 1983

Reed, C. A. (ed.), *Origins of Agriculture*. The Hague: Mouton Publishers. 1977

Willey, G. R.: *An Introduction to American Archaeology: North and Middle America*. Vol. 1. Englewood Cliffs: Prentice Hall. 1966

Willey, G. R.: *A History of American Archaeology*. Second Edition. London: Thames and Hudson Ltd. 1980

● 最近の発掘から

# 西北九州の縄文時代低湿地遺跡——長崎県伊木力遺跡

## 伊木力遺跡調査会

　伊木力遺跡は，昭和57年の長崎大水害による淡漑工事の際偶然発見され，昭和59年夏，伊木力小学校の通学道路建設に伴う範囲確認調査の結果，縄文時代前期を主体に丸木舟，多量の碇石，動・植物遺体を伴う九州では初めての縄文時代前期の本格的な低湿地遺跡であることが確認されるに至った。

　多良見町教育委員会は，範囲確認調査に引き続き本調査を同志社大学考古学研究室に依頼し，昭和60年8月19日より9月23日まで，町単独事業として本調査を行なった。当研究室では低湿地遺跡の性格に照らして，多くの自然科学系研究者の協力を得て伊木力遺跡調査会を組織し，総合的な調査体制を組んで本調査を実施した。

### 1　遺跡の位置

　本遺跡は波静かな大村湾の南奥部にあり，急峻な山塊が海に迫るリアス式海岸に伊木力川の沖積作用によって生じた小規模な沖積平野の西縁に位置する。周辺の山腹は「伊木力みかん」の産地として知られる。遺跡は西南方から派生する尾根が大村湾に向かって突出した舌状丘陵の東裾にあたる旧入江状の沖積地に立地し，調査地付近で標高1.3m前後を測る。

### 2　層　　序

　調査区の北半と南半では，自然貝層の有無など層相に若干の変化をみせる。しかし，生痕化石の存在で知られるように，いずれも海成層から構成される点では共通する。ここでは丸木舟の採り上げによって生じた調査区中央部（NW-ES）の地層断面をとりあげて説明を加えたい。

　本調査では客土，I層旧水田土壌，II層緑灰色砂層，III層礫層（縄文土器〜中世陶磁器を混在）を機械力で排除し，IV層以下を精査の対象とした。調査面積は約100m²である。試掘調査で確認したIV層は，今回の調査で丘陵側に偏った分布をもつことが明らかとなった。V層は調査区北半部に広く分布する混貝砂質土で，破砕貝を多量に含み，縄文後期の摩滅した土器片を出土する。VI層は同じく混貝砂質土であるが，ほとんど無遺物層である。VII層は約15〜30cmの層厚をもち，曾畑式土器のみを単純に包含する混貝礫混り粘質土である。拳〜人頭大の礫とともに多量の碇石を伴い，調査区全域に面的な拡がりをみせる。土器・石器類のほか多量の動・植物遺体を伴う。VIII層は礫を含まない混貝粘質土で，轟B式土器を上半部から出土する。なおVII層とVIII層の間からは丸木舟とみられる大型材を出土した。IX層は黒褐色粘質土で，下部に鬼界アカホヤ火山灰とみられる火山ガラスを多量に含み，上部にも拡散した状況をみせる。X層は混礫砂質土で凝灰角礫岩の巨岩を含み，基盤岩に接するところもある。XI層は丘陵に近いところに堆積し，拳大以下の角礫を多量に含む。以下，凝灰角礫岩の基盤層である。

　調査区北半部では一部IX層上部まで精査したが，VIII層下部から粗い条痕文土器片が出土するとともに，断面においてIX層中に獣骨片が確認された。一方，同南半部では曾畑層の下位から轟B式土器，やや尖底ぎみで内外面に粗い条痕文を施した土器片の出土をみた。さらに下位の基盤直上の礫層からも厚手の無文土器，獣骨，黒曜石製石器が少量出土している。

### 3　出　土　遺　物

　今回の調査では丸木舟，多量の縄文土器，碇石，石器類，少量の骨角器が出土したほか，包含層が海水面下の低地にあり，しかも地下水位が高いため，動・植物遺体の遺存状態がきわめてよい。古くから朝鮮半島のいわゆる櫛目文土器との関係が論議され，西北九州を中心に濃密な分布をみせる曾畑式土器に伴う遺物は豊富で，遺跡形成の主体がこの期にあったことを物語っている。以下代表的な遺物をとりあげ，簡単な説明を加える。

　丸木舟　曾畑層と轟B層の間から，フナクイムシなどに食害された，わずかに内湾する板状の大型材の出土をみた。木取り法の観察によれば，直径1.5m以上の広葉樹（樹種センダン）の巨木の芯に近いところを用いたもので，現存長6.5m，同最大幅76cm，厚さ5.5〜2.5cmを測り，一部に焦痕を留める。周辺より碇石が多数出土するとともに，出土場所が入江状の凹地にあたるなど，丸木舟の底部だけが波食・腐朽を免れて遺存したものと思われる。この材の$^{14}$C年代は5660±90 y.B.P.（KSU-1147）である。

　碇石　結晶片岩，安山岩，凝灰岩，砂岩などの扁平な礫の長側辺中央に縄掛け用の抉りや溝を施したもので，重量が5〜25kgを計る。前回の出土例とも併せて計110

81

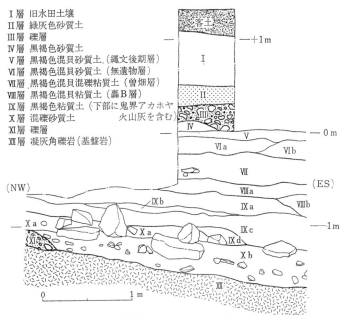

I層 旧水田土壌
II層 緑灰色砂質土
III層 礫層
IV層 黒褐色砂質土
V層 黒褐色混貝砂質土（縄文後期層）
VI層 黒褐色混貝砂質土（無遺物層）
VII層 黒褐色混貝混礫粘質土（曽畑層）
VIII層 黒褐色混貝粘質土（轟B層）
IX層 黒褐色粘質土（下部に鬼界アカホヤ火山灰を含む）
X層 混礫砂質土
XI層 礫層
XII層 凝灰角礫岩（基盤岩）

伊木力遺跡調査区中央部の層序（部分）

個をかぞえ，その約3分の1が曽畑層中より出土した。碇石は轟B層以下からは検出されていない。碇石に盛用された結晶片岩は遺跡近辺には産出せず，直線距離にして約10〜15km離れた西彼杵半島の原産地から搬入した石材である。

**チャンチンモドキ**　縄文後期以降の地層からは，中国南部・タイ・ヒマラヤにかけて自生するチャンチンモドキ（ウルシ科）の種子が多量に出土した。また少量ではあるが，曽畑層からも検出されている。この種子は，出土例が西・南九州の数ヵ所の遺跡に限られており，生食可能な植物質食料として注目されている。

**モモ**　今回の調査で轟B層中から小型のモモの核が2個出土した。モモは中国の甘粛・陝西省地域が原産地とされており，古い時期の伝播を物語るものである。出土層が確実なものとしては，チャンチンモドキとともに最古の例である。

このほか種子ではシリブカガシ，イチイガシ，アブラギリ，イヌガヤ，センダン，ホルトノキ，エゴノキ，コナラ属，カシ類などが多量に出土した。とくに曽畑層ではドングリ類の出土量が急激に増える事実が指摘される。なお曽畑式土器の内面にドングリ類の種皮が炭化付着した例も出土し，調理法とも絡めて興味深い事実を提供した。

動物遺体は曽畑層を中心にイノシシ，ニホンジカなどの獣骨が豊富に出土している。それらは食料残滓として投棄されたものである。しかし包含層土壌を徹底して水洗したにも拘らず，石錘の出土量に反して，魚骨は極端に少なく，タイ類，エイ，サメなどの骨をわずかに検出

したにすぎない。廃棄場所の違い，遺跡の季節的利用とも絡めて新たな問題を提起した。本遺跡では概して骨角器の出土例に乏しいが，今回，縄文後期の層より離頭銛頭，ヤスの出土を見た。前者は九州地方にほとんど類例を見ず，その系譜とともに捕獲対象，漁撈法などきわめて注目される遺物である。

### 4　まとめ

調査地は死滅貝，生痕化石，流木の存在で知られるように，かつては干潟状の環境下にあって，遺跡西方の丘陵上に推定される居住域から食料残滓，生活用具などを廃棄した場所とみられ，これを裏付けるかのように丘陵側に近づくほど遺物密度が高く大型の土器片が増える傾向がある。遺構としては中世以降に属する若干の杭を除いて不明瞭である。

2mほどの堆積物中に縄文早・前・後期の包含層を累重し，とりわけ早〜前期の包含層の遺存状態がよく，鬼界アカホヤ火山灰を挟んで無文土器→条痕文系土器・轟B式土器→曽畑式土器の変遷を層位的に把握した。出土品の中でとくに注目されるものとして丸木舟がある。推定全長7mをこえるきわめて大型の丸木舟で，内湖・河川用と考えられていた縄文時代の丸木舟に対する従来の認識に再検討を余儀なくするものであろう。碇石，打製・磨製石器には結晶片岩，黒曜石，安山岩，蛇紋岩など遠隔地に産する石材も用いられており，漁撈活動にとどまらず，こうした原材の輸送手段としても丸木舟が利用されたことであろう。こうした搬入石材の産地同定は，縄文人の生活圏の復原，交易の実態を究明するうえで格好のデータを提供するものである。

また常緑性ドングリ類，チャンチンモドキの豊富な出土は，ドングリ類種皮の炭化付着した土器片の出土とも絡めて，解明の遅れている西日本での植物質食料の種類とその利用状況を具体的に検討するうえで重要である。一方，木製品の出土はいたって少なく，わずかに加工木が確認されているにすぎず，編物，漆製品などはこれまでのところ未検出である。

本遺跡は，大陸に近いという地理的位置ともあわせ，縄文文化の外来的な影響，各種渡来植物の検討，それらの伝播ルートを究明するうえできわめて重要な位置を占めるものと思われる。

頭初の予想をこえる文化層の累重とも相い俟って調査はなお未完了であり，本遺跡の重要性に照らして継続調査が切望されるところである。

（文責・同志社大学考古学研究室松藤和人）

● 最近の発掘から

# 弥生前・中期の低湿地遺跡──松江市西川津遺跡

内田律雄 島根県教育委員会

## 1 調査の概要

現在発掘調査中の西川津遺跡は，島根県松江市の北東部を宍道湖に注ぐ朝酌川中流域にある低湿地遺跡である。昭和55年から島根県教育委員会によって朝酌川河川改修工事に伴い発掘調査が行なわれてきた。とくに昭和58年度から60年まで調査を実施している海崎地区は，西川津遺跡の中では最上流部にあたり，下流部と違い朝酌川の氾濫を受けずにきたところであり，地下の保存状態はすこぶる良好であった。

層序は中世末～近世初頭，奈良時代，古墳時代前期，弥生時代後期，同中期，同前期，縄文時代後・晩期，縄文時代早期末～前期初頭となっており，このうち，中世末，弥生時代中期後半，同前期に遺構が検出された。

## 2 縄文時代

縄文時代早期末～前期初頭の遺物包含層では多量の縄文土器，獣骨類が出土した。縄文土器の文様は，施文具を中心にみると表裏縄文，刺突文，押引文，沈線文，条痕文，隆帯文，貝殻複縁文，条痕地土器の8種に，文様パターンは平行線文，鋸歯文，斜行文，格子状文，曲線文の5種があり，それぞれが複雑に組み合わさっている。獣骨類はイノシシ，シカを中心に，タイ，フグといった魚骨があり，若干の人骨も混在していた。この時代でとくに注目されるのは銛形木製品である。長さ34.2cm，最大幅3.5cmで左右両側には2個ずつ逆刺がつき，中央には稜がはしり断面は三角形を呈している。

縄文時代後・晩期の層は薄くその範囲も狭い。とくに晩期の土器は弥生前期の土器と共伴することが多い。粗製のものと精製のものがあるが量は少なく多くは小破片である。その中で1例だけ完形の鉢形土器が出土した。後期の磨消縄文土器で，円と稲妻状の文様が一対ずつ描かれている。山陽地方の中津式に平行するものと考えられる。

## 3 弥生時代

西川津遺跡の中心は弥生時代にある。前期では木製のスキ・クワ類の未成品と，それを水中で貯蔵したと考えられる方形に打ち込まれた杭列があった。同時にこれらを製作した磨製蛤刃石斧，抉入片刃石斧，幅1.0～7.0cmの各種の片刃石斧が多量に出土した。スキ・クワ類の多くがカシ材を使用しているのに対し，日常汁器はナラやケヤキ類が用いられた。その中には柄に三角形や長方形の透し彫りをしたみごとなひしゃくもある。その他，容器として使用されたものに木葉文を描いたヒョウタンが2例ある（実測図6）。

農耕具類とならんで漁猟具も豊富に出土した。鹿角・猪牙を利用した釣針は中期のものも含めて合計15例ある（実測図1～4）。それは逆刺のないA類（2例），逆刺が外側につくB類（5例），逆刺が内側に2カ所つくC類（3例），軸部と鉤部を別作りにした結合式のD類（6例）に分類される。とくにD類は14.0cmと大型で，結合部には紐痕と接着剤が残り，鉤部の基部には擬餌用と考えられる小孔が穿たれている。鯨骨製の漁猟具には長さ20.0cm，幅3.1cmのアワビオコシや，長さ24.7cm，重量が36.0gの銛がある。前者には使用痕が，後者の基部には井ノ字状の線刻と小孔が穿たれている。同様な機能を持つ銛と考えられるものに鹿角製のそれも2本ある。また，エイの尾棘を用いたヤスもある。

装身具には，玉類，櫛，簪，釧，指輪，耳飾などがあり，石，獣骨，貝，木を素材としている。玉類は碧玉製管玉，貝製小玉，獣骨製がある。櫛は黒や赤の漆で塗り固めた木製のもので，多くは板状であるが透し彫りの装飾をもつものもある。簪は三日月状の装飾に2本の歯を有した木製のものである。釧は赤漆を塗った木製のものの一部が1点あり，指輪は貝製と猪牙製がある。耳飾りは魚椎骨を加工したピアスである。

日常生活にかかせない道具の一つである縫針は現在のところ4本あり，いずれも貝層の洗浄中に発見された。長さは3.7～6.5cmで獣骨製である。

農耕や狩猟に伴う祭祀の存在をあらわす遺物も多数出土した。中国先史時代陶塤の流れをくむ土笛は12例にのぼり，全国出土数の約1/3を占める。土笛は長さ5cmほどの小型のa類，6cm前後で底が尖るb類，8cm前後の大型のc類がある。このうち，b類とc類に木葉状の沈線文様がある。土笛を使用した農耕祭祀に対し，狩猟のそれはイノシシの下顎骨に穿孔したかたちでみることができる。前期の貝層やその付近から出土するイノシシの下顎骨はほとんど例外なしに穿孔されている。同様な例は佐賀県唐津市菜畑遺跡に特徴的で，奈良県唐古遺跡にもある。

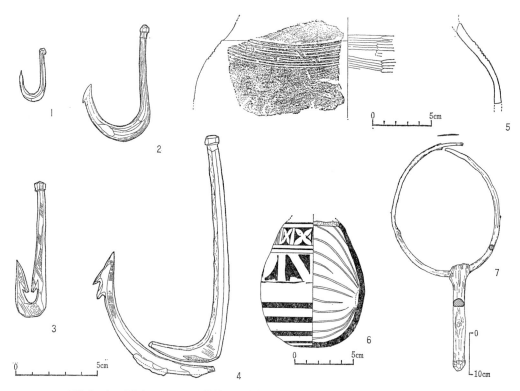

西川津遺跡出土遺物実測図　1〜4：釣針　5：流水紋入り土器　6：文様入りヒョウタン　7：たも枠

　弥生時代前期〜中期は，遺跡は水辺に面していたと考えられるが，貝層は3〜5mの径で点在し，10〜20cmの厚さで2〜4層に形成されている。貝層のほとんどはヤマトシジミで構成され，この中に淡水産，海水産の魚介類，獣骨，土器，石器が混在する。

　弥生時代中期層では貝層や杭列の他に掘立柱建物跡を検出した。明確な建物跡は1間×2間で3棟確認した。柱穴の中には，扁平な石，板，杭をくみあわせて礎板としており，まれに径20.0cmの柱の基部が残っている例もみられた。

　掘立柱建物跡の近くには2.7×1.6m，深さ0.6mの小判形土壙があり，中からヒョウタン類の種子が多量に発見された。土壙の上は木の枝をわたし，その上をムシロ状のもので覆った構造と考えられる。その他，70.0×60.0cmの方形の土壙内面にスギ皮を貼りつけたドングリの貯蔵庫があった。これらの遺構の西側にはほぼ南北に走る溝と，幅5.0mの土手状の高まりがあり，杭や人頭大の自然石で簡単な護岸工事がなされており，集落に対する自然堤防として機能していたらしい。

　中期には最も多くの木製農耕具が出土した。これによって本遺跡における弥生時代中期後半の丸鍬・広鍬は，みかん割りにした段階から完成品まですべての工程がほぼ完全に復元できる資料を得ることができた。

　木製品と関連してみのがせないものに袋状鉄斧片(?)がある。長さ5.8cm，幅3.0cm，厚さ0.5cmの破片で，2条の突帯を有し，中央に鋳型のあわせ目の痕跡がある。復元すれば長さ13cmほどになり，韓半島あたりからもたらされた可能性の強いものである。重量は約31.4gある。

　漁猟具は基本的に前期と変わらないが，前期では発見できなかった木製のタモ枠（実測図7）が加わった。モミあるいはマツの二股を利用している。

　祭祀の面では前期と様相が異なっている。土笛やイノシシの下顎に穿孔したものは姿を消し，かわりに分銅型土製品が出現する。県内最多の5点が出土した。いずれも浅い沈線や列点文で施文され，下方には側縁に沿って小孔が穿たれており，これまで県内で出土している安来市十善遺跡例，松江市布田遺跡例，同タテチョウ遺跡例と同文である。このうち1点は長さ5.7cmの小型の完形のものである。

　以上のほか，特筆すべきものとして，弥生時代後期の氾濫層から流水紋を陽刻した前期の木器や前期層からの土器がある。弥生時代前期における農耕や狩猟・漁撈，それに伴う祭祀は佐賀県菜畑遺跡をはじめとする北部九州に共通する一方，流水紋のようなきわめて畿内的な要素もみられ，この遺跡を特徴づけるものとしている。

縄文時代の低湿地遺跡
# 長崎県伊木力遺跡

本遺跡は大村湾の南奥部に面した，縄文時代前期を主体とする海水面下の低湿地遺跡で，昭和60年夏，本調査が実施され，丸木舟，碇石，モモの核，鹿角製銛頭をはじめ多量の動物・植物遺体を出土した。九州では初めての本格的な縄文時代前期の低湿地遺跡の調査とあって，予想をこえる豊富な情報が得られた。
　　構　成／松藤和人
　　写真提供／多良見町教育委員会

**昭和60年度調査区近景**
三方を丘陵に囲まれた旧入江状の地形・地質をみせ，調査地の標高は約1.3mを測る。調査地は埋立て後，水田として利用されていたもので，左手の民家付近に居住域が推定され，右手の校舎裏側に現海岸線が拡がる。

**曽畑式土器，有孔土製円盤，獣骨の密集した出土状態**
丸木舟の北側のⅦ層。獣骨の分布にはいくつかのまとまりが観察されている。

**丸木舟出土状態**
曽畑層と轟B層との間から出土したもので，現存長6.5m，同幅76cm。随所にフナクイムシなどによる食害痕を留める。中央手前はブロック・サンプリング用ピット。

# 長崎県伊木力遺跡

礫直下からのシカ頭骨の出土状態
手前は樹皮を剝いだ棒状木製品。Ⅶ層。

イノシシ下顎骨，曽畑式土器片の出土状態　他に1点イ
シシの完全な下顎骨が，本例と同様，転倒した状態で出土し

骨角器　右3点縄文時代後期。左1点は同前期。
右から2番目は九州では珍しい離頭銛。〈原寸〉

結晶片岩製碇石（中央）の出土状態
長さ42cm，幅25cm。碇石の両側辺に縄掛用の抉りを施している。

曽畑式土器内面に付着した炭化種皮
（ドングリ類）〈原寸〉

轟B層出土の最古のモモの核　小型で丸味

弥生時代の低湿地遺跡
# 松江市西川津遺跡

西川津遺跡では島根県教育委員会による発掘調査が行なわれ，中世末，弥生中期後半，同前期の遺構・遺物が発見されている。とくに弥生時代は同遺跡の中心をなし，農耕具や漁猟具，装身具などが豊富に出土した。

掘立柱建物跡　弥生時代中期

穿孔したイノシシの下顎骨
　　　　弥生時代前期

構　成／内田律雄
写真提供／島根県教育委員会

杭列と木製農耕具の未成品　弥生時代中期

骨角器（右：鯨骨製銛，中央2点：鹿角製銛，左：エイの尾棘製ヤス）弥生時代前期

木製農耕具未成品の出土状態　弥生時代中期

松江市西川津遺跡

鉢形土器　器高11.6cm
縄文時代後期

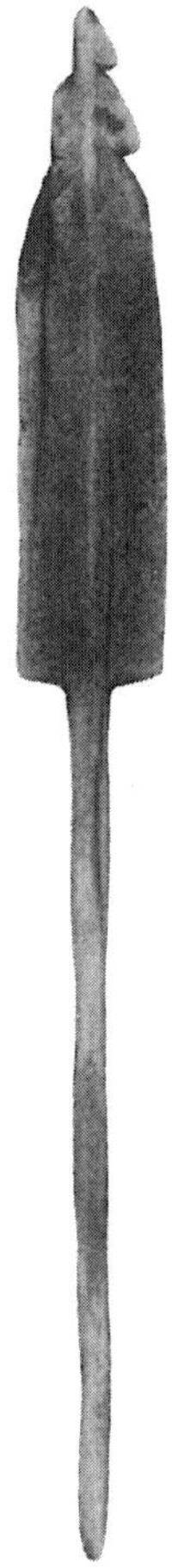

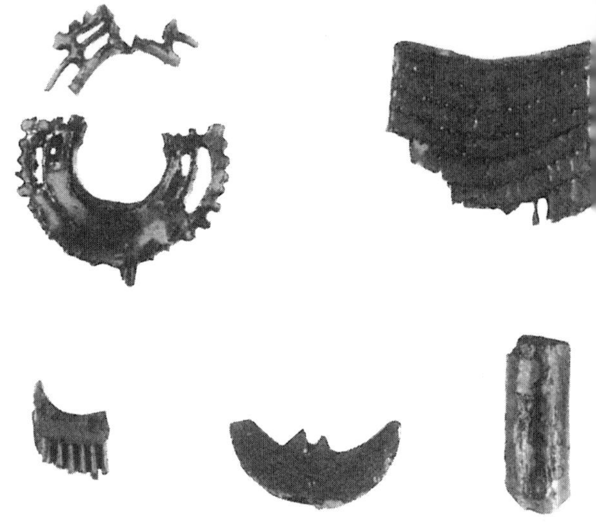

装身具（下中央：カンザシ，右：釧，その他は櫛）弥生時代前期

鉄斧　弥生時代中期

銛形木製品
長さ34.2cm
縄文時代早期末

抉入片刃石斧　左端は未成品
弥生時代前期

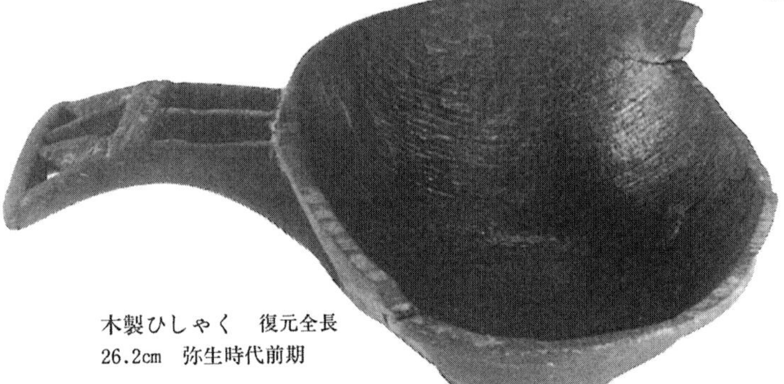

木製ひしゃく　復元全長
26.2cm　弥生時代前期

扁平片刃石斧　弥生時代前期

土笛の各種　左からa類，b類，c類
弥生時代前期

考古学と周辺科学　9

# 文献史学（古代）

文献史学と考古学は古代史研究において両輪をなしているが，ここでは郷里の編成と集落の問題を例にあげて考えてみよう。

成蹊大学教授　宮本　救
（みやもと・たすく）

## 文献史料の出現と時代区分

日本古代史研究において，文献史学と考古学とは両輪をなし，両者の研究の協力と成果の綜合とは不可欠である[1]。まず，文献史料の出現・展開を時代区分論[2]より，みておこう。

考古学では，時代区分として，一般に先土器時代（旧石器時代）・縄文時代・弥生時代・古墳時代・歴史時代とする区分法が行なわれており，また先史時代（先土器・縄文期）・原史時代（弥生・古墳期）・有史時代（歴史）とする3区分法がみられる。そこにおける歴史・史とは文献史料をさし，その歴史時代・有史時代とは文献史料のそなわっている時代を意味する。後者の3区分法は文献史料の出現・存否を基準とした区分法で，先史時代は文献史料が全くない時代，原史時代は文献史料が出現・存在するも少なく，考古史料が主流である時代を示し，社会経済構成史的区分法の古代は一般に弥生時代以降とされ，文献史料の出現する原史時代以降に対応する。

また野蛮・未開・文明とする文明史的区分法（人類学）によれば[3]，文明段階への一つの指標である文字の使用は5世紀後半から，記録の発生は6世紀から7世紀にかけてとされる。

| 原　始 | 古　代 |||||
|---|---|---|---|---|---|
| 先土器 | 縄文 | 弥生 | 古墳 | 歴史 ||
| 先　史 || 原　史 || 有　史 ||
| 野　蛮 | 未　開 ||| 文　明 ||

文献史料は一般に①文書，②記録，③編著に様式分類されるが，それらがそなわってくる時代といえば，本格的には8世紀奈良時代以降といわねばならない。しかし有史時代は一般に7世紀飛鳥時代以降とされている。そこで今，8世紀より前のことを記述する文献史料を分類してあげると，次の如くである。

(1) 国内史料
  (イ) 編著　古事記・日本書紀・風土記・寺院縁起資財帳・上宮聖徳法王帝説・家伝（大織冠伝）など
  (ロ) 金石文・木簡・墨書土器　刀剣銘・鏡銘・造像銘・石碑文・墓誌銘，藤原宮跡出土木簡・伝板蓋宮跡出土木簡・伊場遺跡出土木簡，各地遺跡出土土器墨書など

(2) 外国史料
  (イ) 編　著
    ⅰ) 中国史書　漢書・後漢書・魏志・宋書・隋書など
    ⅱ) 朝鮮史書　三国史記・三国遺事など
  (ロ) 金石文
    ⅰ) 中国　「漢委奴国王」印・奴太王碑（高句麗）
    ⅱ) 朝鮮　七枝刀銘（百済―石上神宮蔵）

以上のうち，国内史料の編著はすべて8世紀以降の成立である。『日本書紀』はそれら編著のみならず，他史料すべてを含めて，7世紀およびそれ以前の歴史研究におけるもっとも基本的な史料であり，中心的な史料である。『書紀』は8世紀初めの国家による編纂史書で『古事記』と異なり，種々の素材を採用し，史書としての客観的な記述編纂の体裁を示しているが，その編纂目的，編者の史観などにより，政治的な潤色・改変・造作などが加えられており，それらについてのきびしい史料批判を通して，史実の確定がなされねばならない。『書紀』の素材である『帝紀』と『旧辞』

*89*

の最初の記定が6世紀半の安閑・宣化ないし欽明朝期であり，それ以後の記述の史実性は，大化改新詔をめぐる修飾・虚構論議などもあるが，時代をおって高くなるとされている。5世紀以前については，中国史書（漢書・後漢書・魏志・宋書）と金印（1世紀）・七枝刀（4世紀，百済との関係）・好太王碑文（4世紀，高句麗との関係）など金石文が重要な文献史料となる。

もっとも外国史書においても，中国史書の場合，朝貢国に対する中華思想に基づく潤飾，両国使者などによる不確実な情報，類比推測の記述などがあり，準同時代的史料としても，十分な史料批判が必要である。朝鮮史書の場合も『三国史記』が12世紀半，『三国遺事』が14世紀初めの編纂である点，やはりきびしい文献批判を経て採用されねばならない。

一方，金石文・木簡は，文献史料であるとともに考古史料であり，同時代史料として確実な史実を示すもので，貴重である。金印によって，『後漢書』記載の倭奴国の存在と後漢への朝貢が裏付けられ，埼玉県稲荷山古墳出土の鉄剣銘文によって，熊本県江田船山古墳出土の鉄刀銘文の大王名の解読が可能になり，『宋書』の倭王武の記事とともに，ワカタケル大王＝雄略天皇の実在と史実の一端が明らかになった。また「評」記載史料によって，『日本書紀』における大化以後の「郡」を「評」に訂正すべきことが実証されてきている。しかし金石文は，倭関係記載のない舶載鏡銘（前漢・後漢・魏の鏡銘）の11例を除き，1世紀の1例（金印），4世紀の1例（七枝刀），5世紀の4例（鏡銘1，刀剣銘2，好太王碑文1），6世紀の3例（大刀銘1，造塔銘1，碑文1），7世紀の18例（造像銘12，碑文4，墓誌銘2）の総計27例と少なく，とくに6世紀以前はわずか9例のみである。

また木簡においては，毎年多くの出土例が報告されているが，8世紀より以前の例はいまだ少なく，7世紀半をさかのぼるものはない。金石文・木簡ともに，その内容の多くは，断片的，限定的であり，文献史料として過大な評価は慎まねばならない。ただその年紀記載のものは，伴出土器などの年代編成における貴重な考古学資料となる。

以上，文献史学にとって，もっとも研究の難しい8世紀以前を解明するための文献史料の状況を概観してきた。この時代の解明には考古学研究の占める地位はきわめて大きい。しかし当時の政治組織や具体的な政治の展開過程，また外交関係などは物的資料である考古史料では明らかにし得ず，文献史料によらざるをえない。文献史学としては，考古史料およびその研究成果を十分ふまえ，まず何よりも『日本書紀』を中心史料とし，他の諸史料も加え，その史料批判を一層すすめ，史実の確定・拡大をはかることが大切である。

## 律令村落の編成と集落

ここでは具体的事例として，8世紀奈良時代における「村落」の研究とくに郷里の編成と集落の問題をとりあげ，文献史学と考古学との研究の対応関連をみることにする。

文献史学においては，令の規定（戸令為里条など）により，村落制度の面が，遺存戸籍・計帳など（『正倉院文書』）より，その行政村落の規模と構成の面が明らかにされる。すなわち村落制度においては，50戸を1里に編成，里長1人を置き，戸口の検校，農桑の課殖，非違の禁察，賦役の催駈を掌らせた。さらにその里の下に，5戸を単位とする徴税・防犯のための連帯責任の組織＝五保（隣保制度，戸令五家条）を置いた。その里制は霊亀元年（715）に郷里制となり，天平12年（740）に郷制に改編されている。その郷里制は1郷2～4「里」，大半は1郷3「里」に編成され，その「里」は新たに郷戸内に分置された房戸を構成単位とし，しかもそれが50房戸を超えない数においてほぼ均等編成——郷戸数も均等編成——されている。「郷長—里正—保長—郷戸主—房戸主」による支配の徹底がはかられているのである。「下総国大嶋郷戸籍」にみる郷里制の編成は，別表の如く，各「里」17・16・17の郷戸，44・44・42の房戸よりなり，その典型を示す。

一方，里の規模（人口数）については，大宝2年（702）御野国三井田里戸籍には1里50戸—899人，同国半布里戸籍には1里54戸—1,119人（50戸に

大嶋郷の構成

| 郷里名 | 郷戸数 | 房戸数 | 戸口総計 | 不課口数 | 課口数 | 一郷戸（房戸）平均口数 | 一郷戸（房戸）平均課口数 |
|---|---|---|---|---|---|---|---|
| 甲和里 | 17 | 44 | 454 | 344 | 110 | 26.7 (10.3) | 6.4 (2.5) |
| 仲村里 | 16 | 44 | 367 | 255 | 112 | 22.9 (8.3) | 7.0 (2.5) |
| 嶋俣里 | 17 | 42 | 370 | 268 | 102 | 21.7 (8.8) | 6.0 (2.4) |
| 大嶋郷（計） | 50 | 130 | 1,191 | 867 | 324 | 23.8 (9.1) | 6.4 (2.6) |

換算すれば，約1,036人，養老5年(721)下総国大嶋郷戸籍には1郷50戸—1,191人とみえ，鎌田元一氏[4]は他の戸籍・計帳をも加え，8世紀前半における1里(郷)50戸の人口数を平均1,068人と推算している。

ここで問題になるのは，里(郷)および郷里制下の「里」と村の関係である。

50戸1里制は，中国の行政村である郷一里(100戸)と自然村である村を併置する村落制度のうち，行政村の制度のみを採用したもので，村は里制の陰にかくれた存在となっている。『播磨国風土記』には，宍禾郡比治里の条に，宇波良村・比良美村・川音村・庭音村，揖保郡香山里の条に，佐々村・阿豆村，同郡広山里の条に，握村(都可村)などの記載がみられるが，そこにおける村は，関和彦氏がフィールド調査をふまえて指摘される如く[5]，里の外郭にある未編戸村落というべきものでなく，里内に含まれるものである。また里は村を無視して機械的に50戸単位に編成したものでもない。ただ，記載された村のみによって，里が構成されていたとすることは問題である。1村のみとした場合，その村の規模は1,000人余，2村とした場合でも1村500人余となり，里内の村が

すべて記載されているのではないとみるべきであろう。

さらに郷里制下の「里」と村の関係はどうか。「里」は村を公的に編成したものとの説があるが，1郷3「里」構成を一般的形態とすると，1「里」はほぼ400人前後となり，房戸—郷戸の均等編成のことも考え合わせると，その説は果して妥当かどうか，検討する必要がある。考古学の側からする集落規模の研究成果が期待される。

千葉県山田水呑遺跡の発掘調査では8世紀前半から9世紀代までの竪穴住居143棟，掘立柱建物52棟が発見され，5段階に編年区分され，1時期大体20〜30棟前後，1住居平均人数5〜6人と指摘されている[6]。この遺跡は下総国山辺郡山口郷に属する集落と推定されているが，山口郷はこの集落規模(大体150人前後)でいえば，ほぼ7集落よりなり，大嶋郷下の「里」は2〜3集落よりなる。千葉県八千代市村上遺跡の調査[7]では8世紀後葉から9世紀前葉の時期の竪穴住居跡として，61棟を検出しているが，その集落規模(大体300人前後)であれば，1里(郷)は大体3集落編成といえる。考古学の検出する集落を風土記などの文献史料に記されている村と同一とみなしてよいか

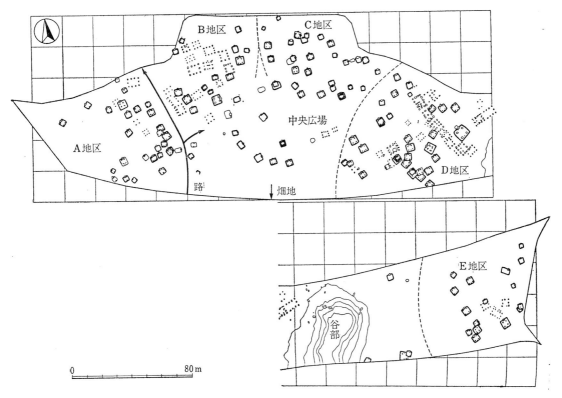

千葉県山田水呑遺跡の集落跡（山田遺跡調査会編『山田水呑遺跡』1977より）

どうか，なお検討すべき問題もあるが，規模の点については参考になる。集落そして村の規模は大小多様で，里の編成は大小を混在してなされるわけである。里はほぼ3〜7村を含み編成されたとみなしてよいであろう。

文献史学の側からすれば，文献史料に記されている村・里・郷，戸籍・計帳の里・郷里の故地について，考古学による全面調査研究が強く希望されるのであるが，なかなか困難というよりは不可能に近いのではないかと思う。考古学による集落研究は，その遺跡発見が開発などの他動的契機によるもので，しかも時期・地域も限定されることが多い故，そこに報告されるデータにはどうしてもある種のかたより，不完全性・不明確性が生じて来るであろう。遺跡の分布のデータは，主に開発予定地の分布で，それ以外に遺跡があっても発掘されなければ，当然そのデータに登場してこない。文献史学において考古学研究の成果を採用・処理する際には十分考慮すべき点である。

## 戸と農民生活

律令制下において，農民は6年1造の戸籍を通して50戸1里の戸に編成され，毎年造の計帳を通して調庸を収取される。戸が基礎単位である。その規模は，御野国三井田里では平均18人，同国半布里では平均20.7人，下総国大嶋郷では平均23.8人，他の戸籍・計帳を加えての1戸平均人数は21.4人と算出されている。郷里制下の房戸は大嶋郷において，平均9.1人である。郷戸を実態とみるか，擬制とみるか，房戸を実態とみるか，擬制とみるか，種々論議がなされてきているが，未だ結着はついていない。

考古学の研究によれば，8世紀においては，畿内ではすでに掘立柱建物住居になっているが，東国ではいまだ竪穴住居が主で，一部掘立柱建物が登場しつつある状況にあるとされている。大嶋郷の郷戸の例でみると，竪穴住居人数を4〜5人として，1郷戸平均23.8人は5〜6棟よりなる。考古学の研究では，こうした考えを背景に，住居跡の小グループを指摘される。しかしその場合，なぜそれらが1グループをなすか，曖昧であり，恣意性を感じるものさえみられる。考古学自体において，その検出方法・基準を確立する必要があるように思う。

次に農民の生活・生産の場について，私有財産の宅地を基地として，水田における稲作，陸田＝畠における麦・粟など雑穀栽培，園地＝畠における蔬菜栽培および桑漆栽培が指摘されている。それが実際にどうであったのか，考古学の研究においても，追究してほしい問題である。

次に農民にとって，大切なものとして村の祭がある。『出雲国風土記』にはおびただしい数の社が記載されており，また儀制令春時祭田条の注釈『古記』には，村ごとに社があり，神官として社首が置かれ，春と秋の農業祭には男女すべてが集まり，酒もりをするとみえる。考古学の集落研究には，社の報告を聞かない。社の遺構・遺物などの痕跡は遺り難いものだったのだろうか。検出できないことはそのものが存在しなかったことを意味しない。このことは他の考古資料についてもいえることで，慎重に検討考慮する必要がある。

以上，粗雑な記述に終始してしまったが，8世紀以前の古代史研究のための文献史料について概観し，8世紀における郷里の編成と村・集落の問題，農民生活に関係する二，三の問題をとりあげ，考古学研究への若干の注文・希望をも加え述べて来た。古代の村落については，文献史学者でもあり，自ら発掘にも経験をもち，考古学に造詣の深い鬼頭清明氏の著書『古代の村』[8]は文献史学と考古学の研究成果を綜合し，両者の関連，課題を具体的に解りやすく述べた大変勝れた書物である。是非一読をすすめたい。

註
1) 文献史学と考古学の関連については，
　水野　祐「歴史考古学と文献史学」歴史公論, 66, 1981, 近藤義郎「考古資料論」日本考古学研究序説，岩波書店, 1985
　などが参考となる。
2) 勅使河原彰「時代区分論」日本考古学を学ぶ(1), 有斐閣, 1978
3) 原　秀三郎「日本列島の未開と文明」講座日本歴史, 1, 東大出版会, 1984
4) 鎌田元一「日本古代の人口について」木簡研究, 6, 1984
5) 関　和彦『風土記と古代社会』塙書房, 1984
6) 鬼頭清明『古代の村』岩波書店, 1985
7) 阪田正一「東国の集落」日本歴史考古学を学ぶ（上），有斐閣, 1983
8) 註6)に同じ

# 書評

坪井清足監修　水野正好編
図説 発掘が語る日本史
第4巻　近畿編

新人物往来社
B5判　344頁
8,000円

　連日のように新聞紙上を賑している各地の考古学情報は，まさに考古学ブームといわれている現状を象徴的に示しているかのようである。あいつぐ発掘は，その都度，新しい資料が検出され，新たなる知見が得られることによってマスコミ関係者の注視をうけ，結果はいち早く報道されることになる。

　日刊新聞の第1面に考古学関係の情報が記載されたのは，高松塚古墳をもって嚆矢とされるであろうが，近年においてはさして珍しいことではなくなってきた。われわれの世代が考古学の勉強をはじめた頃は，かの登呂遺跡の報道を例外とすれば，それはまことに驚くべき編集方針の転換というべきであろう。

　このような皮相的な現象は，当然のことながら考古学そのものの発展に直結していることはいうまでもなく，事実，1年間に公けにされる報告書の類は，正報告より概報まで，夥しい冊数が刊行されている。報告書の刊行は，学界共通資料の公表であり，その限りにおいては誠に喜ばしいことである。しかしながら，その情報については専門家の間にあっても十分に把握することができない。況して関連分野の研究者などにおいては情報の入手すら困難な現状であるといえよう。

　このたび，以上のごとき現状を踏まえながら『図説発掘が語る日本史』全6巻が，坪井清足氏の監修によって刊行されることになり，第1回配本として水野正好氏の編集になる第4巻「近畿編」が公けにされた。

　「現代考古学が到達しえた成果を，現時点で可能な限り，体系的に紹介しようと意図した」（坪井氏「刊行にあたって」）本シリーズは，まさに時宜をえたものであり，考古学の研究者はもちろんのこと，考古学に関心を寄せる人びとにとってもまさに待望の書といえるであろう。

　全6巻の構成は，第1巻北海道・東北編（林謙作編），第2巻関東・甲信越編（小林達雄編），第3巻東海・北陸編（河原純之編），第4巻近畿編（水野正好編），第5巻中国・四国編（近藤喬一編），第6巻九州・沖縄編（横山浩一編）となっている。執筆者は各地において発掘調査に関与している研究者であり，発掘の成果を正確に伝えると同時に，それら資料の歴史的位置づけに意欲的な所論を展開している。

　「近畿編」は，旧石器時代・縄文時代（泉拓良），弥生時代（酒井龍一），古墳時代（水野正好），飛鳥・奈良時代（森郁夫），平安～江戸時代（福岡澄男）よりなり，巻末付録として「その他の主要遺跡解説，主要文献解題，収録遺跡所在地図，近畿地方の遺跡関連年表」（植野浩三）が加えられている。

　それぞれの時代ごとに，近年，調査された重要遺跡を主体としながら時代相を説いていく手法をとり，豊富な新資料を縦横に駆使して歴史像を描き出している。そこには，すでに公けにされた図版のほか，多くの未発表写真が用いられていることが注目されよう。発掘によって得られた成果は，一部の研究者を除いて，とかく報告書の刊行まで，知ることをえないが，本書には，カラー図版52，本文モノクロ図版364が収録されていることはありがたい。

　近畿一畿内は，「日本を創造した地，日本を規定した地」そして「文化・政治を生み出しては壊す，つねにその舞台の中心」の地であった（水野氏「総説」）。その地に展開した旧石器時代より江戸時代にいたる歴史の実像を考古学的資料によって体系化する方法は，多くの新資料をもとに新鮮な視角をもって提供されることになった。そこにわれわれは新しい考古学の息吹を感じることができるであろうし，それは同時に，文献史家にとって，考古学の成果が時間と空間を超えて歴史の側面を確実に把えていることを示すものとして改めて理解が深まることになるであろう。

　「近畿編」に示されたこれらの事柄が，本シリーズの全巻を通じて脈打つことは当然のことであり，「発掘が語る日本史」が，北海道より沖縄までトータルに語られることになるであろう。それは「文献資料による日本史」とともに「物質（考古）資料による日本史」の重要を改めて広く認識する縁となることは疑いない。

　従来，日本の考古学界は『日本考古学講座』（昭30～31）『世界考古学大系』（昭34～37）『日本の考古学』（昭40～42）『新版考古学講座』（昭43～47）など，それぞれの時点において研究の状況を概括し，さらなる発展を切り開く，区切りのシリーズが公けにされてきた。本シリーズもまさに今日の考古学界の研究活動の側面を最新の情報を視覚的に総覧する方向をもつものであるといえよう。

　日本考古学の現段階を示す本シリーズの刊行はこのようにきわめて意義深いことであり，完結が期待される。
　　　　　　　　　　　　　　　　　（坂詰秀一）

# 書評

金関 恕・佐原 眞編
弥生文化の研究 5
道具と技術 I

雄山閣出版
B5判 209頁
3,200 円

　雄山閣から『新版考古学講座』全11巻が刊行されたのは昭和43～47年の間であった。そのころからわが国は高度経済成長期にさしかかり、各種建設工事予定地の発掘調査が考古学研究者の肩にのしかかってきた。遺跡が破壊されるために広大な面積の発掘調査を行ない、記録保存をせざるを得なかった。その結果数々の考古学上の新しい発見があり、研究も進展し、解明されあるいは究明のきっかけをつかむことができた問題も少なくなかった。このような成果を踏まえて雄山閣では、先に『日本の旧石器文化』5巻を刊行し、次いで『縄文文化の研究』10巻を刊行、今また『弥生文化の研究』10巻を刊行するに至ったことは、時宜に適した企画と慶ばしい。

　さて、このたびその第1冊目として、金関恕・佐原眞編『弥生文化の研究5―道具と技術I』が刊行された。目次にそって内容を紹介すると、1総論、2石器の生産、3鉄器の生産、4木器の生産、5工具（石斧、伐採石斧、加工石斧、石錐、石小刀、不定形な石器、鉄製工具）、6農具（くわとすき、石製耕作具、銅鋤先、鉄の鋤・鍬先、田下駄、磨製石包丁、打製石包丁、貝製穂摘具、木製穂摘具、鉄製穂摘具、石鎌、鉄鎌）、7漁猟具（土錘・石錘、釣針、モリ・ヤス、筌、投弾、弓・矢）、8紡織具と製品（紡錘車、織機、麻と絹、衣服）、9容器（青銅製容器、木製容器）と、弥生文化の生産用具と技術に関する主要な項目が網羅され、それぞれ学界の耆宿・中堅に加えて新進気鋭の人々が多く執筆している。

　近年究明された弥生文化に関する主要な事項について記すと、昭和55年に佐賀県唐津市菜畑遺跡の発掘調査の結果、水田遺構や稲作に伴う農具や種実が発見され、稲作の渡来が縄文時代晩期後半に遡ることが明らかになった。金属器のうち青銅器が弥生時代前期に輸入されたのに対して、鉄器は一段早く縄文時代の晩期に到来したことを示す遺物が検出され、弥生時代中期には国産され鍛冶遺構も明らかになった。いっぽうで銅鐸や青銅製武器をはじめ青銅製品の国内での鋳造技術、ガラスの技術は高度な域に達していた。また、機織の技術の新来によって織布が生産された。絹布や麻布・苧麻布が検出されているが、絹文化の背後には養蚕の伝来があった。

　編者は、弥生時代を示す基本的な大陸新来の技術、縄文以来の伝統的な技術は何か、弥生文化に固有の発達をみた技術は何かと、弥生文化の構成要素を三つに大別する考え方を基底においている。

　本巻の各論文は近年における考古学の調査に基づく発見と研究の成果を十分に反映している。以下にそのいくつかを紹介する。この時代の工具としては各種の石斧と鉄製の斧・鑿・鉇などがあげられる。低湿地遺跡の発掘調査の結果、各種の斧の木製の柄が豊富に出土し、斧の用法が一段と闡明にされた。佐原眞氏は弥生文化の石斧は鉞や斧（事例筆者挿入）のように、刃線が主軸と平行する縦斧と、手斧（筆者挿入）のように刃線が柄の主軸と直交する横斧に大別され、機能の点から縦斧は太型蛤刃石斧などの伐採斧、横斧は柱状片刃石斧、小型方柱状片刃石斧（鑿型石器）などの加工用斧に明快に区分されるとする。縄文文化の石斧にも縦斧と横斧の区分があり、下条信行氏は弥生文化の太型蛤刃石斧は、縄文石斧が朝鮮半島の円頭斧の影響をうけて成立したことを提言している。農具のうち出土例おびただしい木製の鍬と鋤は黒崎直氏によって機能に応じた分類が行なわれ地域性も検討されている。有孔磨製石包丁にかわる穂摘具としては、貝製穂摘具のほかに近畿地方を中心として木製穂摘具が弥生時代中期から古墳時代初頭にかけて使用されたことが判明し、工楽善通氏によって集成がなされている。漁撈用具では、陥穽漁具の一つ筌が大阪府八尾市（弥生前期）と福岡県春日市（弥生後期）の河川や溝から発見され、わが国の内水面を中心に行なわれるこの漁撈法の出現の時期が一段と遡及された。中西靖人氏は古記録にみえる筌の記述を紹介し、現存する民具の筌の分類と対比しながら考察を行なっている。

　考古資料の用途を解明するためには現存民具との比較研究が有効である。民具の中には筌のように基本的には考古資料と形態が類似し、製作技法や使用法が世代的に伝承しており、民具を媒介として考古資料の解明が可能な事例が少なくない。鉄製穂摘具についていえば、福島県の会津東部や新潟県南部の只見川流域に残る焼畑で栽培されたアワ・ヒエの穂摘具のコウガイに注目する必要があるし、弥生の原始機の究明には北海道のアイヌの機との比較研究を深めるべきであろう。新たに発見された木の枝を丸くたわめた枠に横長の足板を取り付けた田下駄については、民具の呼称を尊重するならば、輪榀型○○とか輪付き○○と命名するほうが適切であろう。

　このように若干の要望はあるとしても、本書は現時点での研究の集大成であり、今後の研究の指標となることは疑いない。

（木下　忠）

# 書評

大森信英先生還暦記念論文集

## 常陸国風土記と考古学

雄山閣出版
A5判 336頁
6,200円

「常陸国風土記と考古学」と題する本書は，茨城県考古学界の重鎮である大森信英先生の還暦を記念して刊行された論文集である。先生は，戦後の茨城県における考古学研究の先駆者ともいえ，代表的著書『常陸国村松村の古代遺跡』や鹿島町宮中野古墳群の調査からもうかがえるように，その研究の主眼は，古代常陸国の成り立ちを考古学的に究明することにあったものと思われる。今回，常陸国風土記をテーマとした論文集が献呈される運びとなった理由もその辺にあろうし，今なお先生の学問的視点や地域に根ざした研究方法は重視されるべきものと思われる。

さて，本書の内容は，報告や回想文を含む14篇の論文で構成され，弥生時代を除く先土器時代から歴史時代にかけて網羅され多岐にわたっている。今，限られた紙数の中でその一篇一篇について論評する余裕はなく，またその力量もない。以下，各々の要旨を簡単に紹介し，全般的な感想を述べて書評としたい。

≪先土器時代≫

鴨志田篤二「常陸の先土器時代」

那珂台地の資料を中心に，常陸の先土器時代編年を試みている。その基準は，出土層位を中核に据えたものであり，全体をⅣ期に区分されている。

≪縄文時代≫

佐藤次男「常陸国風土記の『角ある蛇』について」

常陸国風土記所載の「角ある蛇」について，日本・諸外国の類例を紹介し，縄文時代中期末～後期初頭における蛇形把手との関連に言及されている。

瓦吹 堅「常陸の土偶―那珂郡東海村を中心として」

茨城県北部地域の資料をもとに，ハート形土偶の分類と変遷についてその顔面形態の相違から検討されている。

≪古墳時代≫

佐藤政則「常陸地方の和泉期土器試論」

茨城県南部地域の資料を中心に，遺跡単位の和泉期土器の編年を提示されている。

鈴木敏弘「那珂・久慈郡の源流とS字口縁土器」

那珂・久慈川流域のS字口縁土器の分析から，その波及が方形周溝墓および初期古墳の伝播と密接に関連することを指摘し，古墳時代前期社会の成立ひいては那珂・久慈郡の源流へと言及されている。

小室 勉「前方後円墳の終焉と方墳」

常陸の前方後円墳が前方部の矮小化に伴う小規模化を経て消滅し，方墳へと移行する推移を提起され，これが7世紀中葉～後半の大化薄葬令の影響によるものだと結論づけている。

茂木雅博「常陸における古墳研究抄史」

藩政期・明治大正期・昭和期の茨城における古墳の調査を学術調査を中心に紹介し，現代の破壊を前提とした調査と批判的に対照されている。

寺村光晴「常陸国風土記と玉作」

常陸国風土記記載の玉関係記事と実際の玉作遺跡との比較検討を行ない，常陸における玉作研究の今後の問題点を提起されている。

≪歴史時代≫

桐原 健「鏡と魑魅」

「常陸国風土記久慈郡河内里」の記事から鏡のもつ除魔の効を想定し，飛鳥・奈良・平安時代における鏡の機能に言及されている。

椙山林継「筑波山中における祭祀遺跡」

筑波山中採集の祭祀関係遺物および常陸国風土記記載の筑波山関係記事の検討から，筑波山中における古代祭祀遺跡のあり方について論及されている。

阿久津久「井上廃寺古瓦考」

茨城県玉造町井上廃寺出土瓦のうちとくに軒丸瓦について，その系譜と製作技法を検討し，8世紀終末の位置づけを行なっている。

川井正一「漆関係遺物からみた鹿の子C遺跡」

鹿の子C遺跡出土の漆関係遺物の検討から，遺跡の性格上蝦夷征討との関連を提起されている。

この他，故大場磐雄博士の茨城県天神森古墳調査記録，市毛勲氏の回想文がある。内容的には，弥生時代に関する論文が欠けていること，また，現象面での把握にとどまり，社会の動きや構造にまで迫った論考が少なかったことが惜しまれる。14人の執筆者の多くは，現在県内で活発な活動を続けられている研究者で占められており，とくに若手・中堅クラスの研究者が主体となっていることは注目される。近年の急激な資料の増加は，個々人の研究領域の限界をはるかに超え，地域内における共同研究の必要性が高まっている。このような意味において，今回のこの論文集刊行が，多くの研究者相互の共同研究を土台とした常陸の考古学研究ひいては文化財保護の幅広い活動の契機となれば，その意義は大きいものと思われる。

（塩谷　修）

# 論文展望

選定委員（五十音順敬称略）　石野博信　岩崎卓也　坂詰秀一　永峯光一

---

安蒜政雄
### 先土器時代における遺跡の群集的な成り立ちと遺跡群の構造
論集　日本原史
p. 193～p. 216

　先土器時代の遺跡は、一般に小河川の流域にそうような状態で分布し、しかも互いに群集的なまとまりをもつ場合が普通で、一帯にいわゆる遺跡群を形成している。一方、個々の遺跡は、石器群の原石個体別分析から明らかなように、その場その場の石器製作作業が中断しており、それぞれ移動に伴って移し変えられた生活址であった。では遺跡群の形成と先土器時代人の移動生活とは、どのようにかかわりあっていたのだろうか。

　遺跡群が残された経緯を時期をおって観察していくと、その群集が数時期にわたる累積的な結果を示していることがわかる。と同時に、どの遺跡群にも、それを形成の画期としてとらえられるような、遺跡数が急増し最大となる特徴的な一つの時期がみとめられる。そこで各遺跡群形成の画期に位置する遺跡のあり方を類型的に検討してみると、同じ遺跡に同一時期の生活址が何回か重なり合う傾向がうかがえる。この遺跡群形成の画期における遺跡数の増大と生活址の重複は、移動の頻繁さとその同じ地区への回帰性のつよさとを物語っている。

　そしていまのところ、一群の特異な性格をもった遺跡群をのぞくと、先土器時代の第Ⅲ期（南関東地方標準層序の第Ⅴ・Ⅳ層相当期）よりも古い時期を画期として形成された遺跡群はみあたらない。つまり、先土器時代の遺跡は第Ⅲ期にいたってにわかに群集化し、移動はより定地化し定着化する方向にむかいはじめてくるのである。こうして、遺跡群出現の背景には、先土器時代人の移動生活上に大きな変革がおとづれたことを示唆しているものと考えられる。そうした意味で、遺跡群の成り立ちを解明できれば、先土器時代人の生活復原を目的とする遺跡の構造的な研究にとって重要な手掛かりとなるにちがいない。　　（安蒜政雄）

---

宮崎重雄・外山和夫・飯島義雄
### 日本先史時代におけるヒトの骨および歯の穿孔について
群馬県立歴史博物館紀要　6 号
p. 77～p. 108

　日本において人歯骨の穿孔資料を出土した遺跡は 8 遺跡を数えるが、未報告の遺跡もあってその意義を検討するには困難な状況であった。群馬県月夜野町八束脛洞窟でも「加工された人骨・歯」の出土を見たが、正式報告がなされないままであった。筆者らは、同遺跡から出土した後、数カ所に分散していた資料と、踏査時の資料を合わせて整理・検討する機会を得た。その結果、穿孔された歯が 8 例、穿孔された手の指骨が 10 例認められた。その他に、最小個体数が 34 にのぼる胎児から老人までの大量の焼人骨、管玉・貝輪・牙製飾り玉なども存在した。また、共伴した土器の中には、須和田式や栗林Ⅰ式土器の特徴を示すものがあることから、これらの遺物は弥生時代中期中葉の限定された時期に残されたものと推定された。

　ところで、本遺跡からは風習としての抜歯痕を示す顎骨が認められるが、それは上下顎骨とも両犬歯間に限られる。穿孔された歯は臼歯を主体とするとともに、乳臼歯も含まれ、生前における風習としての抜歯とは基本的に関係しないと理解される。また、穿孔された歯はいずれも火を受けた痕跡はないものの、穿孔された指を含めて人骨はすべて火を受けており、火を受けた後に加工した指骨が認められる。しかし、火を受けたことによる変形・変色などの程度が弱く、死後直ちに火を受けたとは想定されない。つまり、一度土葬などにより軟部の腐敗を待った上で、穿孔のための歯を抽出し、その後に火を加える。そして穿孔のための指骨を抽出し、その残りの骨を洞窟内に安置する。これが推定される屍体処理のプロセスの概要である。

　穿孔された人指骨を出土した 8 遺跡のうち 5 遺跡は、長野県から福島県までと比較的集中しているとともに、所属時期は弥生時代初頭を前後するころであることから人指骨の穿孔という風習は、上記の地域・時期には安定して存在していたと考えられる。
（宮崎重雄・外山和夫・飯島義雄）

---

中西常雄
### 近江における甕形土器の動向
考古学研究　32 巻 1 号
p. 61～p. 80

　弥生時代から古墳時代の移り変わりの中で、甕形土器にみられる地域色はどのように変化し、どのような解釈ができるであろうか。

　基礎的な作業としてまず近江地方を四地域に分け、「受口状口縁」甕形土器を地域別に第 5 様式初・中・末と庄内式併行期および布留式併行期の 5 段階に分けた。主として甕形土器にみられる櫛描文の簡略化と無文化への傾向を段階ごとにとらえたものである。そして同じように櫛描文のみられる伊勢湾地方とも比較し地域色の変化に

ついて考察を加えた。
　その中でわかったことは，伊勢湾地方の甕形土器つまり「Ｓ字状口縁」甕形土器の祖形と考えられる第５様式の土器とは類似点も多く，土器変化も似通っていること。とくに近江地方を四地域に分けたうちの湖東北部の土器は，脚台を持ち形態のうえでも伊勢湾地方のものと全く変わりがないこと。ところが庄内期に至って，近江全体に甕形土器の無文化・丸底化がみられ，畿内型甕の製作も広がるのに対して，伊勢湾地方では「Ｓ字状口縁」甕という独自な発展を遂げることである。
　以上のことは，それぞれの統合的な流れの相違が庄内期を境にはっきりと表われ，文化圏を異にしたためと解釈できるのである。しかし，近江地方にあっては，この時期を境に伊勢湾地方などの他地方型甕形土器の広汎な流通がみられるのも事実である。
　この事実をふまえ，庄内期の統合的な流れの内に集団間をとり結ぶ交流基盤の成長と拡大およびそれを支える政治的な関係があったことを予測した。つまり，他地方勢力がそのうちのある集団と結びついたとき，他地方型土器と製作技術はその交流基盤にのり比較的容易に流通し得ると考えたのである。庄内式の特徴をもつ甕形土器が畿内を中心に九州地方にまで広がり，布留式の土器が全国的に広がるのも，以上の解釈を得て理解できそうである。　　　（中西常雄）

小林三郎

**古墳副葬鏡の歴史的意義**

論集　日本原史
p.565〜p.584

　伝世鏡は，古墳の発生に関する鍵をにぎるものとして，しばしば論ぜられてきた。梅原末治，小林行雄氏らの顕著な業績がある。伝世鏡として方格規矩四神鏡と内行花文鏡を中心とするが，さらに一群の画文帯神獣鏡を加えて「卑弥呼の銅鏡百枚」に相当するものがあるいはそれらの伝世鏡群ではなかったかと推定し，三角縁神獣鏡以前の「鏡の配布」を考えようとした。古墳発生時の鏡の伝世を否定する立場にもなろうか。
　後期古墳の副葬品の中に，すでに配布済みの中国製三角縁鏡神獣があるとすれば，それはまさしく「伝世鏡」ではなかろうか。千葉城山１号墳出土の三角縁三神五獣鏡は，京都椿井大塚山古墳出土鏡と同笵であること以上に，それが６世紀代の横穴式石室古墳の副葬鏡であることに注目したい。この他に関東地方の横穴式石室墳で鏡を保有するものに千葉金鈴塚，埼玉将軍塚，群馬前二子，大日塚，観音山，観音塚，御堂塚，栃木天王塚，東原などが知られるが，その中で中国鏡をもつ将軍山，観音山，観音塚，将軍山は馬具・装飾大刀・挂甲などを共通の伴出品としていることが特徴的である。東日本の古墳出土鏡では神獣鏡の出土例は乏しいが，横穴式石室墳で神獣鏡をもつものは前述の城山１号墳，倣製神獣鏡をもつものに金鈴塚古墳が知られる。倣製神獣鏡には三角縁神獣鏡の影響を強く受けているものがある。四神四獣鏡・二神二獣鏡・三神三獣鏡などがみられるが二神二獣・三神三獣鏡は総体的に平縁神獣鏡の影響も受けている。横穴式石室で倣製神獣鏡をもつ金鈴塚鏡が内区三神五獣を表現していて例外的なことと，それが城山１号墳の三角縁神獣鏡を原鏡としているらしいことに注目してみた。古墳の内容における金鈴塚と城山１号墳との関係をさらに拡げて，同笵鏡分有関係に相似した相互関係を浮き彫りにしようと試みた。（小林三郎）

水野和雄

**日　本　石　硯　考**

考古学雑誌　70巻4号
p.1〜p.31

　筆者は日本各地の遺跡から出土した1,278点の石硯を集成した。次に，円硯Ⅰ，風字硯Ⅰ〜Ⅲ，楕円硯Ⅰ・Ⅱ，台形硯Ⅰ・Ⅱ，長方硯Ⅰ〜Ⅲに型式分類するとともにその各々について，側面が傾斜しているものＡ，垂直のものＢ，裏面に脚をもつものａ，抉りをもつものｂ，平坦なままのものｃとして，合計66のタイプを設定した。1,278点の石硯は，このうち30タイプにあてはまった。さらに，硯に書かれた銘文や，出土遺構や伴出遺物の年代，中国石硯の年代比定などを参考にして編年作業を試みた。
　石硯で最も古いものは，福岡県鴻臚館跡出土の円硯ⅠＡｃである。その銘文から935年に中国から将来されたものであることがわかる。10〜12世紀にかけての円硯や風字硯は，すべて中国製と考えられるが大宰府史跡など，九州の一部の地域では中国石硯を模倣した風字硯ⅠＡｂタイプを拙い技法ではあるが滑石材で作硯している。12世紀末頃になると，日本各地で硯材が採掘されるようになり，楕円硯ⅠＡｃ・ⅡＡｃなどのタイプが作硯されるようになる。13・14世紀は鎌倉の遺跡に代表されるように，台形硯ⅠＡｃ・ⅡＡｃタイプが主流となる。15世紀の石硯はよくわからなかったが，鎌倉の遺跡と16世紀を中心とする福井県朝倉氏遺跡の石硯を比較検討することによって，台形硯Ｂタイプもしくは長方硯Ａタイプが想定可能となった。16世紀以降の石硯は，すべて長方硯である。そして，この頃にもなると硯材の種類も多く，作硯技法もかなり手慣れたものがみられるようになってくる。
　長方硯ⅠＢｃは硯頭部縁帯の内面傾斜の違いによって３つに分類される。海部との角度が鈍角になる①は16世紀，垂直になる②は16世紀半ばから17世紀，鋭角になる③は18世紀頃に比定できる。とくに②は，現在までその型式が受け継がれている。（水野和雄）

# 文献解題

岡本桂典編

◆論集日本原始　論集日本原始刊行会編　吉川弘文館　1985年5月　A5判　958頁

Ⅰ序編
日本考古学における型式学の系譜―「考古学演習」での型式学学習の記録―……戸沢充則
弥生文化研究と蒔田鎗次郎………岡本　勇

Ⅱ先土器時代
岩宿遺跡の石器―製作技術的な背景の分析を中心として―………松沢亜生
ナイフ形石器型式論……織笠　昭
尖頭器状の石器の性格―いわゆる角錐状石器・尖頭器様石器の再検討―………矢島國雄
「広郷型細石刃核」論―その形質と意味―………鶴丸俊明
九州における先土器時代石器群の編年と地域性………橘　昌信
再論日本細石器文化の地理的背景―生業論への視点―鈴木忠司
先土器時代における遺跡の群集的な成り立ちと遺跡群の構造………安蒜政雄

Ⅲ縄文時代
縄文時代における石器研究序説―剝片剝離技術と剝片石器をめぐって―………山田昌久
日本における研磨技術の系譜―先土器・縄文時代の砥石と研磨技術を中心として―……宮下健司
北海道出土の青竜刀形石器とその系譜………野村　崇
土器廃棄と集落研究……末木　健
馬蹄形貝塚の再吟味―東京湾東沿岸における縄文集落の一様相について―………後藤和民

Ⅳ弥生時代
弥生時代後期における小地域土器分布圏の成立―房総半島北部の臼井南式土器を中心にして―………熊野正也
中丸川水系における弥生文化の軌跡………川崎純徳
長野県下伊那地方の弥生後期土器―座光寺原式と中島式の大別―

………神村　透
関東地方初期弥生式土器の一系譜………石川日出志
甕棺製作技術と工人集団………井上裕弘
織物採用の歴史的意義…西川　宏

Ⅴ古墳時代
古墳副葬鏡の歴史的意義………小林三郎
日本出土の「鑣轡」について………大谷　猛
鬼高式土器の細分をめぐって―我孫子市日秀西遺跡出土の土器を中心として―………上野純司
古代能登塩に関する一試論………橋本澄夫
南島二題―古墳文化に関連して―………白木原和美
北海道にみる本州古代文化の射影―土師器研究を基礎として―………岡田淳子
東国古墳発生論………大塚初重

Ⅵ歴史時代
関東地方における九・十世紀の須恵器生産………服部敬史
下総国分二寺軒瓦の基礎的検討………佐々木和博
古代における貢納織布生産の一形態………向坂鋼二
平壌安鶴宮遺跡の基礎的検討………千田剛道
越前一乗谷における町屋について………小野正敏

Ⅶ特論
ラボック・トムセン・シーボルト・モンテリウス詣で……佐原　真
帝釈峡遺跡群の繊維土器………潮見　浩
弥生土器のはじまり……坪井清足
西日本・弥生中期の二つの住居型………石野博信
備前丸山古墳の周辺―岡山県備前市新庄に所在する石室蓋材から―………間壁忠彦
千把以前―脱穀の歴史―………乙益重隆
弥生式土器の命名とその展開………斎藤　忠

◆末永先生米寿記念献呈論文集　末永先生米寿記念会編　1985年6月　B5判　1896頁
（乾）
上代における武器の分与について………横田健一
加古川市山之上遺跡採集の石器―その石材利用の特色について―………藤原清尚
関西大学所蔵　青森県是川遺跡出土資料論考………角田芳昭
西播磨における縄文時代晩期の様相………中溝康則
縄文・弥生時代の音……岡崎晋明
突帯文土器地域色に関する若干の検討―とくに摂津・播磨・紀伊の第Ⅲ様式優勢壺にみられる器形・文様交流について………森岡秀人
弥生土器の考察―弥生時代中期の大和型の甕を中心として―………松本洋明
弥生時代の青銅器の原料について―特にその主成分である銅について―………久野邦雄
桜井市芝遺跡出土の銅鐸形土製品について………萩原儀征
方形周溝墓・方形台状墓　そして古墳―方形周溝墓の墳丘立面性を中心として―………一瀬和夫
弥生時代の集落とその環境………合田茂伸
水田形態の変遷について………中井一夫
祭祀研究の一視点―鳥形模造品を中心として―……井上義光
讃岐地方の前期古墳をめぐる二，三の問題………玉城一枝
前方後円墳における築造企画の展開　その五―型式分類からみた常陸の前方後円墳―…上田宏範
前方後円墳築造企画性の立体的観察………宮川　徏
大和の大形円墳………石部正志
誉田丸山古墳と「応神陵」………田中晋作
古墳時代における畿内の玉生産………関川尚功

刀剣の出土状態の検討―刀剣の呪
　術的性格の理解のために―
　………………………………泉森　皎
鉄製短甲の形式学的研究―大和国
　を中心として―………堀田啓一
古墳時代における和泉石工集団―
　その作品と系譜―………田中英夫
堅櫛………………………………亀田　博
鑷子考……………………………宇野慎敏
古墳出土の須恵器（1）
　………………………………土生田純之
須恵器からみた古墳時代葬制の変
　遷とその意義………………藤原　学
紀ノ川下流域における古墳と渡来
　集団……………………………千賀　久
播磨地方における横穴式石室の採
　用と展開……………………上田哲也
紺口県主の墳墓―河内寛弘寺古墳
　群について―…………………山本　彰
河内横穴墓の線刻画について
　………………………………山田良三
古代に於ける炉とカマドの変遷
　………………………………富田好久
榛原石考―大化前後におけるある
　石工集団の興廃―……菅谷文則
凝灰岩使用の古墳―飛鳥地域に於
　ける終末期後半の古墳の意義―
　………………………………河上邦彦
大和における飛鳥時代の古墳の分
　布について…………前園実知雄
高松塚古墳の被葬者…秋山日出雄
高松塚方形切石の礼拝石説
　………………………………猪熊兼勝
飛鳥谷古墳集団の復原とその歴史
　的意義………………………藤井利章
西摂における終末期古墳の一様相
　………………………………直宮憲一
いわゆる終末期石榔古墳の構造的
　変遷について―大和・河内を中
　心として―………………北垣聰一郎
古代火災住居の課題……石野博信
（坤）
終末期古墳出土遺物の諸相
　………………………………網干善教
海獣葡萄鏡研究史………勝部明生
正倉院の七宝鏡　製作時期と由来
　……D.ゼッケル著　岡幸二郎訳
生駒山地南端西麓の古代寺院―河
　内六寺と竹原井頓宮・智識寺南
　行宮をめぐって………吉岡　哲
豊中市上津島南遺跡の井戸状遺構
　と出土遺物……………亥野　彊

古記録にみる飛鳥猿石の遍歴
　………………………………今尾文昭
洞海湾深部における瓦器について
　………………………………前田義人
中世後半期における集団墓地―と
　くにその生成と展開をめぐって
　………………………………楠元哲夫
近江・金勝の水盤とその用途
　………………………………兼康保明
考古学の資料としての絵図と記録
　………………………………嶋田　暁
行基の勧進・日本国地図・土塔
　………………………………井上　薫
『延喜式』記載の笘……高橋隆博
手向山神社の唐鞍―嘉元四年の修
　復を中心として………宮崎隆旨
束明神古墳所在の佐田岡
　………………………………永島福太郎
橿原・浄国寺十三重石塔納置の押
　出如来三尊像について
　………………………………神山　登
導仏雑想観………………光森正士
匈奴式帯金具の変転……町田　章
新羅の線刻文土器をめぐって
　………………………………東　潮
日韓出土の短甲について―福泉洞
　10号墳・池山洞32号墳出土
　例に関連して―………藤田和尊
「鎮墓」陶器の二・三の考察
　………………………………泉　武
地湾出土の騎士簡冊―「材官攷」
　補正……………………………大庭　脩
ドナウ河流域におけるローマン・
　アクインクムに就いて
　………………………………藤岡謙二郎
マヤ文化領域に於ける座位姿勢
　………………………………角山幸洋
土器と人―カリンガ土器のエス
　ノアーケオロジー的研究（その
　2）―……………………西藤清秀
自然銅考………………久野雄一郎
古代日本の武器武具に使われた木
　………………………………嶋倉巳三郎
化学分析による古代漆喰の研究補
　遺………………………………安田博幸
砂礫構成からみた特殊器台と埴輪
　の動き―岡山県内を例として―
　………………………………奥田　尚
琥珀は語る―古代アンバールート
　を探る…………………室賀照子

◆**美沢川流域の遺跡群 VIII** 北
海道埋蔵文化財センター調査報告
第17集　北海道埋蔵文化財セン
ター刊　1985年3月　B5判
270頁

　北海道千歳市南部を流れる美々
川の支流，美沢川左岸の台地から
川沿いに立地する美々4・5遺跡
の報告。縄文時代の住居跡3軒，
Tピット6基，土坑墓群6群など
が検出されている。遺物は土器・
石器・動物形土製品などである。
縄文時代後期の土坑墓124基中，
30基よりヒスイ玉などが検出さ
れ98点中，91点がヒスイで新潟
産と推定されている。

◆**東北大学埋蔵文化財調査年報1**
東北大学埋蔵文化財調査委員会
刊　1985年10月　B5判　248
頁

　仙台城出土の礎石・建物跡など
と陶磁器などの遺物の報告。

◆**郡山東部 V―宮田A遺跡・宮田
B遺跡・宮田C遺跡・宮耕地遺
跡・艮耕地A遺跡・艮耕地B遺跡**
郡山市教育委員会刊　1985年3月
B5判　222頁

　福島県のほぼ中央部，郡山市を
流れる阿武隈川東岸，郡山市東部
低地東縁部に位置する5遺跡の報
告。宮田A・B・C遺跡は，古墳
時代から中世の掘立柱建物跡10
棟・井戸跡2基・周溝3・土坑・
ピットなど，宮耕地遺跡からは，
掘立柱建物跡8棟・土坑・溝・ピ
ット，艮耕地A・B遺跡では，中
世の掘立柱建物跡4棟・竪穴跡4
基・井戸6基・土坑・掘・溝が検
出されている。遺物は，旧石器・
弥生土器・土師器・かわらけ・陶
磁器類・木製品・ピットより古銭
21枚が検出されている。

◆**河内郡上三川町上三川高校地内
遺跡調査報告**　栃木県埋蔵文化財
調査報告書　第65集　栃木県教
育委員会刊　1985年3月　B5
判　154頁

　栃木県南央部，河内郡を流れる
姿川の左岸台地上に位置する遺
跡。検出された遺構は奈良・平安
時代の住居跡9軒・火葬墓1基・
井戸跡・土坑23基・性格不明遺
構2基である。遺物は，須恵器・
土師器・鉄製品・石器などで，住

居跡より須恵器坏内面に付着した漆・漆紙が検出されている。

◆船橋市八木ケ谷遺跡（遠山塚群）　千葉県教育庁学校建設室・千葉県文化財センター刊　1984年9月　B5判　41頁

千葉県船橋市北部，印旛沼に注ぐ河川により形成された谷奥部の台地上に位置する塚3基の報告。3号塚より磁器瓶へ埋納された寛永通宝・珠数玉・頭髪が検出されており，塚の構築時期・背景を考えるのに貴重な資料といえる。

◆貫井二丁目遺跡　東京都住宅局練馬区遺跡調査会刊　1985年3月　B5判　484頁

東京都練馬区を流れる石神井川中流右岸の舌状台地東南縁辺に位置する遺跡。縄文時代中・後期の住居跡7軒・土坑，弥生時代の住居跡6軒，奈良・平安時代の住居跡18軒・土師器焼成土坑1基，近世の溝・土坑墓5基を検出。出土遺物として住居跡床面下土坑より牛骨，また金銅製金具などが検出されている。

◆辰口湯屋チョウズカ遺跡　石川県辰口町教育委員会刊　1985年3月　B5判　37頁

石川県の南部，日本海に注ぐ手取川の左岸の辰口丘陵の平坦部に位置する墳墓群。墳墓は10基検出され，蔵骨器を伴うものと火葬骨を埋置するものとがある。遺物は五輪塔残欠・青磁・土師質土器・鉄器・銭などが検出されている。

◆緑区鳴海町亀ケ洞NN 311号古窯跡発掘調査報告書　名古屋市教育委員会刊　1985年3月　B5判　28頁

名古屋市の東部，天白川の支流扇川上流左岸に位置する窯跡。13世紀に位置づけられる無階無段登窯1基が検出されている。猿投山西南麓古窯跡群鳴海地区の最下限の資料を呈示する窯跡。

◆昭和58年度国庫補助による出土青銅器製遺物の実態調査報告書（弥生時代編）　元興寺文化財研究所刊　1984年　B5判　113頁

昭和56・58年度の3ヵ年にわたり計画・実施した埋蔵文化財調査出土青銅製遺物，弥生時代青銅器製品の実態調査報告。
出土青銅製遺物の実態調査
　　　　　　　　　……西山要一
出土青銅製品の保存科学的視察
　　　　　　　　　……内田俊秀
銅鐸と文様…………………久貝　健
弥生時代青銅器一覧表（都府県別）よりなる。

◆中村城跡調査報告書　高知県中村市教育委員会刊　1985年3月　B5判　264頁

高知県の西部を流れる四万十川下流左岸標高100〜120mの古城山に位置する。検出された遺構は基壇状遺構・石垣・集石遺構・溝・礎石建物跡・竪堀・土坑などである。遺物は土師質土器・瓦質土器・中世陶磁器・青磁・白磁・近世陶磁器・石製品・五輪塔である。城の機能した時期は，16世紀前半から後半と考えられる。

◆国指定史跡薩摩国分寺跡環境整備事業報告　鹿児島県川内市教育委員会刊　1985年3月　B5判　414頁

鹿児島県の西部，川内市国分寺町の川内川北岸台地上に位置する国分僧寺跡の環境整備事業と発掘調査報告。伽藍配置は，回廊内に東に塔，西に西金堂，中軸線上に中門・中金堂・講堂を置く川原寺式伽藍配置である。創建期の瓦は大宰府・肥後国分寺系が主流をなし，再建期は肥後地方の古瓦との関係がみられる。

◆婆良岐考古　第7号　婆良岐考古同人会　1985年4月　B5判　87頁
東国壁画古墳の文様系列について
　―特に虎塚古墳の文様を中心として―………………川崎純徳
茨城県内出土弥生式土器の検討(4)
　―恋瀬川流域の弥生式土器(2)―
　　　　　　　　　……海老沢　稔
石岡市東大橋原遺跡の加曾利EⅠ式土器の考察（中）
　　　　　　　　　……横山　仁
水戸市木葉下窯跡調査報告
　　　　　　　　　……橋本　勉
常陸国分尼寺跡出土の瓦と土器
　　　　　　　　　……横倉要次
北茨城市栗野遺跡採集の弥生式土器………………川又清明・横倉要次
石岡市府中三丁目出土の文字瓦
　　　　　　　　　……澤畑俊明

◆唐沢考古　第5号　唐沢考古会　1985年4月　B5判　85頁
独鈷状石器小考………後藤信裕
栃木県馬頭町採集の弥生時代の土器………………………鏑木理広
三戸式土器の検討―神奈川県三浦市三戸遺跡採集資料を中心として―………………領塚正浩
葛生町会沢小学校裏遺跡出土の土器について………………山口　仁
藤岡町後藤遺跡採集の土偶―県内の土偶出土の遺跡―……細谷正策
寺之後遺跡出土須恵器坏
　　　　　　　　　……尾花源司
藤岡町大田和出土の縄文時代早期の土器…………………矢島俊雄
唐沢山麓の板碑…………京谷博次
佐野市田島町出土の大形石棒
　　………青村光夫・上野川勝
古代石背・石城地方に於ける初期古瓦の様相―複合鋸歯文縁六葉複弁蓮花文鐙瓦を中心として―
　　　　　　　　　……戸田有二

◆群馬県立歴史博物館紀要　第6号　群馬県立歴史博物館　1985年3月　B5判　136頁
土器出現期における局部磨製石斧の一様相―群馬県境町神谷遺跡の石斧―………………中束耕志
日本先史時代におけるヒトの骨および歯の穿孔について―八束脛洞窟遺跡資料を中心に―
　　………宮崎重雄・外山和夫
　　　　　　　　　　飯島義雄

◆群馬県立歴史博物館調査報告書　第1号　群馬県立歴史博物館　1985年3月　B5判　90頁
勢多郡富士見村龍ノ口遺跡試掘調査報告（Ⅰ）
　　………原田恒弘・中束耕志
邑楽郡の中世石造物（Ⅰ）―板倉町の板碑……相川之英・磯部淳一

◆研究紀要　第7号　埼玉県立歴史資料館　1985年3月　B5判　172頁
埼玉県における古代窯業の発達(7)
　　　　　　　　　……今井　宏
赤沼窯跡第14号支群の発掘

　　　　　………谷井彪・今井宏
武蔵・畠山出土の備蓄古銭
　　　　　　　　　……栗原文蔵
◆貝塚博物館紀要　第12号　千葉市立加曾利貝塚博物館　1985年3月　B5判　58頁
縄文時代前期後半の一資料―千葉市東田遺跡出土の資料を礎にして―　　　　　………寺門義範
千葉市野呂山田貝塚出土の舟形土器―鹿島川流域の縄文時代遺跡（2）―　　　　　……田中英世
千葉市旦谷町北原遺跡発見の独鈷石　　　　　　……小澤清男
縄文時代集落考Ⅵ………後藤和民
◆貝塚　35　物質文化研究会　1985年5月　B5判　16頁
縄文文化における釣針と銛頭
　　　　　　　　　……山崎京美
考古学方法論ノート（1）
　　　　　　　　　……土井義夫
◆古代　第78・79合併号　早稲田大学考古学会　1985年3月　A5判　119頁
西ヶ原貝塚出土の石器…西村正衛
三宅島島下遺蹟13層の土器について　　　　　　　……鈴木正博
外来土器の展開―古墳時代前期の東京を中心として―
　　　　　　　　　……比田井克仁
東京都大田区立蒲田小学校出土の古式土師器…………谷川章雄
等々力溪谷2号横穴にみる交流について……小川貴司・寺田良喜
浅草伝法院の「石棺」
　　　　……安藤鴻基・井上裕一
戦後における都内の発掘について
　　　　　　　　　……石井則孝
◆立正史学　第57号　立正大学史学会　1985年3月　A5判　90頁
『板碑の総合研究』その後
　　　　　　　　　……坂詰秀一
◆白山史学　第21号　東洋大学白山史学会　1985年4月　A5判　126頁
東日本における初期弥生時代の墓制―再葬墓について―
　　　　　　　　　……林原利明
◆法政考古学　第10集　法政考古学会　1985年3月　B5判　209頁
臨海沖積平野の地形と古代遺跡の立地　　　　　　……市瀬由自
インダス文明の舟……小西正捷
縄文時代石器研究の視点と方法
　　　　　　　　　……阿部朝衛
縄文前期集落の構造―内陸部と海浜部の集落比較から―
　　　　　　　　　……小薬一夫
縄文貝塚出土釣針における漁獲選択性の応用（試論）……石川隆司
千葉県八日市場市大堀遺跡出土の独鈷石と他2例―独鈷石の機能・役割をめぐって…小澤清男
小形器台土器をめぐって
　　　　　　　　　……小出輝雄
地域古墳文化の変遷―福島県浪江町周辺（旧標葉郡）を例として
　　　　　　　　　……伊藤玄三
武蔵国における鉄鎌の型式分類とその編年的予察……鶴間正昭
高市大寺・大官大寺の造営過程
　　　　　　　　　……星野良史
◆福井考古学会会誌　第3号　福井考古学会　1985年3月　B5判　124頁
西日本における中世須恵器系陶器の生産資料と編年……萩野繁春
三角縁神獣鏡の考察（その二）
　　　　　　　　　……白崎昭一郎
福井県鯖江市における方形台状墓出土の石剣片について
　　　　　　　　　……古川登
坂井町木部新保出土の仏具―資料紹介―　　　　　……仁科章
考古遺物のX線撮影について―医療用X線機器を用いて―
　　　　　　　　　……白崎卓
◆古代文化　第37巻4号　古代学協会　1985年4月　B5判　46頁
『考古学』としての『人類学』(1)―プロセス考古学（ニュー・アーケオロジー）とその限界―
　　　　　　　　　……穴沢咊光
エジプト古代遺跡研究者派遣団報告………早乙女雅博・宮本純二
　　　　　　望月芳・周藤芳幸
大阪市山之内遺跡出土の子持勾玉をめぐって……積山洋
◆古代文化　第37巻5号　1985年5月　B5判　48頁
『考古学』としての『人類学』(2)―プロセス考古学（ニュー・アーケオロジー）とその限界―
　　　　　　　　　……穴沢咊光
東北地方南部出土の弥生時代骨角製品　　　　　　……大竹憲治
◆古代文化　第37巻6号　1985年6月　B5判　48頁
『考古学』としての『人類学』(3)―プロセス考古学（ニュー・アーケオロジー）とその限界―
　　　　　　　　　……穴沢咊光
長野県南佐久郡川上村柏垂遺跡採集の細石刃石核
　　　　　……由井一昭・堤隆
◆考古学研究　第32巻第1号　考古学研究会　1985年6月　A5判　132頁
上野・下野における初期寺院の成立―白鳳時代を中心として―
　　　　　　　　　……三舟隆之
近江における甕形土器の動向―庄内期を中心として―
　　　　　　　　　……中西常雄
弥生時代の木棺墓と社会
　　　　　　　　　……福永伸哉
瀬戸内地域における縄文時代研究の課題―晩期農耕について―
　　　　　　　　　……平井勝
◆徳島考古　第2号　徳島考古学研究グループ　1985年5月　B5判　55頁
渋野古墳群の研究………共同研究
付　徳島県の前方後円（方）墳
樋口遺跡出土の土器……滝山雄一
麻植郡川島町池尻遺跡…青木幾男
板野郡大西山遺跡出土の石器
　　　　……枚岡重良・高橋正則
◆福岡考古　第12号　福岡考古懇話会　1985年4月　B5判　172頁
いわゆるアマチュアとプロの考古学　　　　　　　……西谷正
日本原始家屋の復元に関する一考察　　　　　　　……山本輝雄
筑前観世音寺塩釜考……浜田昌治
四川古代の舟棺葬
　　　……馮漢驥・楊有潤・王家祐
　　　　　　　　　　　本松馨訳
福岡県西北部における製鉄址の一様相　　　　　　……中村勝
韓国初期鉄器遺物に対する金属学的研究……………尹東錫
　申環煥・李南珪　清水峯男訳

101

# 学界動向

「季刊 考古学」編集部編

――――九州地方

**4世紀の古墳から蛇行状鉄剣** 佐賀県小城郡小城町晴気の九州横断自動車道建設用地で4世紀初の古墳2基が発見され，うち1基から後漢鏡1面と蛇行状鉄剣1本が出土した。この古墳は寄居古墳と名づけられ，標高66mの丘陵上にあって，佐賀県教育委員会が発掘調査を行なっている。1号墳は直径13m，高さ1mの円墳で，周溝からは庄内式土器が出土した。長さ3.2mの土壙から出土した鏡は直径17.6cmの波紋縁方格規矩四神鏡で，1世紀ごろの製品とみられる。方格内に十二支銘，銘帯に「尚方作竟……」の銘をもつ。同じ土壙内から出土した鉄剣は長さ30.5cm，幅3cmで，切っ先から18cmのところで1回ゆるく曲っている。今後X線調査が望まれるが，蛇行状鉄剣と確認されれば，これまで30数例発見された蛇行状鉄剣の大半が5世紀に集中していることから，4世紀の例として極めて注目される。

**4世紀前後の前方後方墳** 鳥栖市永吉町赤坂の柚比遺跡群内で鳥栖市教育委員会による範囲確認調査が行なわれ，4世紀前後と推定される前方後方墳が発見された。古墳は長さ24mで，前方部長8m，同幅5m，後方部長16m，同幅12m（推定復原）あり，庄内式土器の特徴をもつ円形浮文が施された小型の二重口縁壺が発見された。二重口縁壺は口径16.6cm，器高17.9cm，胴部最大径17.4cmを測り，円形浮文は0.5〜1.0cm間隔に施されている。九州に例の少ない前方後方墳は福岡県那珂川町の妙法寺古墳で4世紀後半のものが確認されているが，赤坂古墳はそれより古い。

**古墳時代の木製馬鍬** 北九州市教育文化事業団埋蔵文化財調査室が発掘調査を進めている北九州市小倉南区横代のカキ遺跡から古墳時代後期の木製馬鍬（まぐわ）がみつかった。同遺跡は沖積平野の低地（標高10m）で，4号溝から6世紀後半の須恵器を伴って出土した。馬鍬は長さ138cmの横木に長さ平均31cmで木剣状の歯を7本差し込んだもので，歯の先端部分が丸くなり，小さな傷もついていることから実際に使用されたらしい。取手，くびき部材を欠くほかは完存している。歯が鉄製でないというだけで，形態的にはごく最近まで日本各地の農家で使われていたものと基本的にほとんど変わらない。今回の馬鍬の発見は古墳時代後期にはすでに牛馬による農耕が行なわれていたことを裏づけるものとして注目される。

――――中国地方

**弥生前期の貝輪** 山口県豊浦郡豊浦町川棚の中ノ浜遺跡から弥生時代前期前半の貝製腕輪が発見された。豊浦町教育委員会が発掘調査していたもので，響灘に面した小平野の砂丘に位置する同遺跡から石棺3基と土壙墓3基が出土，中から計10体の人骨がみつかった。貝輪は土壙墓のうちの1基から発見されたもので，弥生時代前期前半の壺とともに左前腕骨の部分に着装されていた。長辺約8cm，短辺約5cmで，イモガイ製とみられる。時期の明確な弥生時代の貝輪例では最も古い。

**荒神谷遺跡出土銅矛に研ぎ分け** 島根県簸川郡斐川町の荒神谷遺跡から昨年8月に出土した銅矛16本と銅鐸6個を調査していた島根県教育委員会は銅矛のうちの4本に研ぎ分けがあることを確認した。これは刃を研いだ後，さらに1.5〜2.0cm幅で帯状に研ぎ出したもので，矛をかざすと光が反射して刀身が光る視覚的効果をねらったものとみられる。こうした研ぎ分けは佐賀県検見谷遺跡など九州に例が限られており，九州と出雲の間に交流があったことを裏づけるものとして注目される。

**弥生期の大規模な集落跡** 足守川の川底にある岡山市加茂の足守川加茂B遺跡で，河川改修工事に伴い岡山県古代吉備文化財センターが発掘調査を行なった結果，大規模な密集した集落跡で，弥生時代中期から奈良時代にかけての複合遺跡であることがわかった。昭和57年8月から60年8月まで行なわれた調査では竪穴式住居跡118軒，土器やゴミの捨て場だった土壙291ヵ所，高床式倉庫跡の柱穴524ヵ所，排水用などの溝72本が出土，遺物も朝鮮製の蕨手状渦文鏡と櫛歯文鏡各1点，卜骨10点，鉄鏃などの鉄製品数十点のほか，古墳時代初めに畿内や山陰，四国などで作られた土器が多数出土した。

――――四国地方

**讃岐国分寺跡で大僧房跡** 香川県綾歌郡国分寺町教育委員会が発掘調査を進めている同町国分の特別史跡讃岐国分寺跡で僧房跡を示す礎石44個と抜き取り跡4個が発見され，全国でも最大規模の僧房であることがわかった。僧房の規模は間口21間（東西87m）×奥行3間（南北15m）あり，礎石の間の地覆石もよく残っていた。礎石は直径1〜1.5mの安山岩製で，僧房跡からは火舎香炉の獣脚や直径40cm大の石鉢，金銅製の仏具受け皿が出土した。さらに京都，滋賀，愛知県地方でつくられたとみられる緑釉土器や硯の破片も10点以上発見された。また創建時と最終の改築に使った10世紀の瓦がみつかっていることから，同国分寺の存続時期が知られる。

**縄文後晩期の河川杭列** 四国横

断自動車道に伴う発掘調査が行なわれている善通寺市中村町の永井遺跡で，縄文時代後晩期の自然河川に伴う杭14本が発見された。この河川は幅13m，深さ2.5mで，南東から北西へ向かって流れており，直径5〜6cm，長さ50cm余りの杭が2.5m間隔で川底の礫層に打ち込まれていた。杭は先端を尖らせ，焼いたためか黒くなっている。河川の中から縄文時代後期〜晩期の浅鉢，深鉢，注口土器などが出土，コンテナ60杯分にのぼった。そのほかサヌカイト製の打製石斧150点，磨製石斧5点，石鏃，石皿，敲石，管玉なども発見された。出土した杭列は水稲農耕を予測させるものとして興味深い。

**松山城から埋葬遺構** 松山市教育委員会が第二次発掘調査を続けている松山城二の丸跡で，長方形の石組遺構とともに人骨や土師器などの副葬品が出土した。この遺構は一次調査で発見された大井戸のすぐそばで発見されたもので，3.8m×0.8mの大きさに小口の割石を並べて作っている。内部から人骨4本，アワビ・ハマグリの貝殻，灯明皿とみられる土師皿，焼け炭などが出土した。人骨はいずれも成人骨で右足大腿骨や下腿骨が含まれており，副葬品の皿と同一レベルから出土していることから江戸時代初期の骨とみられる。また同時に木片1と釘2本が出土したことから木棺に入れて葬られたとも考えられる。いずれにしても当時城内に墓を造る風習はなかったため，伝説にいわれる人柱説も無視できない。なお松山城二の丸は初代城主の加藤嘉明によって起工され，寛永4年ごろ2代藩主蒲生忠知の時代に完成したといわれる。

――――――近畿地方

**伝飛鳥板蓋宮跡から大量の木簡** 奈良県立橿原考古学研究所が発掘調査を行なっていた奈良県高市郡明日香村岡の伝飛鳥板蓋宮跡で1,082点にのぼる木簡が出土した。内郭の東約110mにある板塀遺構に伴う溝跡の東に，長径1.4m，短径52cmの土壙があり，この中から多量の削りくずとともにみつかったもので，天武10年(681)の閏7月前後のきわめて短い期間に作られ捨てられたとみられる。木簡の中には「辛巳年」「辛」「辛巳」などの年号，「大津皇子」「大友」皇子，「太来」(大伯皇女？)「阿直史友足」などの人名，「伊勢国」「尾張」「近淡」(近江)などの国名を記したもののほか，「友友友於友」などの習書木簡も多い。壬申の乱にかかわる人名，地名などが目立つことから，同時代の記録にかかわる木簡ではないかとみられている。

**六角形石組の本尊台座遺構** 和歌山県教育委員会は和歌山市上野にある白鳳時代の上野廃寺を発掘調査していたが，先ごろ仏像を安置する須弥壇中央部で六角形に石組した本尊台座遺構を発見した。上野廃寺は7世紀後半に和泉山脈の南山麓に建立された薬師寺式伽藍配置の寺院で，これまでに金堂，東塔，西塔，講堂などが確認されている。本尊台座遺構が発見されたのは講堂のほぼ中央部に作られた南北13m，東西5.6mの須弥壇の真中部分で，直径50〜60cm大の石12個を南北は0.9・1.1・0.9，東西は0.65・1.1・0.65m間隔で井の字型に置き，その外周を人頭大の川原石で六角形になるよう2段に積み上げていた。六角形の正面一辺の長さは2.4m，高さ約35cmあった。石組の位置や台座の支柱に使われたとみられる長さ5〜8cmの約50本がみつかったことから，六角形の形式としては前例のない本尊台座の礎石遺構とみられている。

**平安京跡から木簡** 京都市下京区西七条石井町の市立七条校敷地内から平安時代初期の木簡が出土，その中に大同2年(807)の年号や「皇太子が天皇に薬を供進」したことを書いたものがあることがわかった。現場は「右京八条二坊二町」にあたり，西市跡の南隣。京都市埋蔵文化財研究所が昨年9月から調査を続けていたもので，木簡がみつかったのは西靱負(にしゆげい)小路の路面下と，東西にのびる溝からで，削りくずを含めると80点にのぼる。とくに注目されるのは「御薬供進□□其事甚重」□□皇太子□□皇天ヵ」と「大同二年十二月廿□」の木簡で，前者は病死直前の桓武天皇の病状が重いため皇太子(のちの平城天皇)が薬を供えたことを示すものとみられる。さらに同じ現場からは鬼や女性を形どった人形や土馬，人面を描いた鉢など祭祀に関する遺物もみつかった。

**縄文晩期の食料貯蔵穴** 宇治市教育委員会が発掘調査を行なっている宇治市五ケ庄野添の寺界道遺跡で縄文時代晩期の食料貯蔵穴とみられる遺構2ヵ所がみつかり，中から炭化した木の実や土器片，石斧などが出土した。貯蔵穴は直径2mと1.2m，深さはいずれも50cmで，出土したのは縄文土器片や石鏃13点，石斧1点，炭化した木の実多数。この発見で宇治川東岸一帯に縄文人の集落が存在したことが確認された。さらに古墳時代から奈良時代にかけての掘立柱式建物跡5棟と土壙のほか，須恵器・土師器多数も出土した。

**近江からも小銅鐸** 滋賀県教育委員会と滋賀県文化財保護協会が

# 学界動向

発掘調査を進めている彦根市松原町の矢倉川口遺跡から高さ5.5cmという小銅鐸が出土した。同遺跡ではこれまで弥生時代後期の土器多数や丸木舟破片，木製農具，さらに奈良時代から平安時代へかけての紡織具などが出土しているが，小銅鐸は弥生時代後期の土層から出土した。重さ40.4g，底部長径 3.8cm，短径 2.8cm。小銅鐸はこれまでいずれも銅鐸分布圏の外周部に当たる地域から出土しており，中心部である近江から出土したことはきわめて注目される。

――――――中部地方

**越前から銅鐸鋳型** 福井県教育委員会が発掘調査を行なっている坂井郡三国町加戸の加戸下屋敷遺跡から凝灰岩質砂岩製の銅鐸鋳型が発見され，付近で鋳造工房跡が発見される可能性が強くなった。鋳型は高さ31cm，上幅18.5cm，下幅22.5cm，厚さ10cmで鋳身部分は高さ21cm。水路として使われていた幅1mの溝の北端部から出土したもので，弥生時代中期中葉の土器が伴出したことから，この鋳型も同時期のものらしい。とくにこの鋳型は紋様が入ってなく，さらに鈕部が刻まれていないことから未完成品であり，現場周辺で銅鐸が製作されていたと考えられる。また材料と同質の石は県内に産出する。

**荘園の正倉跡** 初期荘園遺跡として有名な松任市横江町の国指定史跡・東大寺領横江荘荘家跡の近くから荘園の倉庫である正倉跡とみられる遺構がみつかった。市道開設に伴って松任市教育委員会が調査を行なっていたもので，現場は横江荘荘家跡から東へ約200mのところ。2棟の総柱建物址と2組の柱列跡が確認された。柱の掘方は最大 90cm×80cm の方形だった。とくに注目されるのはこれらの建物の周辺から炭化したモミ米と焼けた木片がみつかったことで，米の収穫高をいつわるために焼いたか，権力争いによる放火，もしくは，失火で焼失したものとみられる。

**中世末の水田跡** 長野県埋蔵文化財センターが発掘調査を進めている中央道長野線建設地の松本市神戸（ごうど）遺跡で，畦畔を伴った中世末～近世初期の水田跡が発掘された。遺構は牛馬が通れる幅約70cmの大畦に囲まれた中に，幅約30cmの小畦で仕切られた6枚の水田が確認された。1枚の水田は 約 70m² のほぼ長方形で，鎖川の氾濫により一挙に埋もれたものらしい。発掘に先立って行なわれた藤原宏志宮崎大学助教授によるプラント・オパールの分析でも平安時代から近世初期にかけての3～4層の水田跡が確認されていたが，今回はこの一面のみで下層の平安期の水田は確認できなかった。なお，島立新町条里遺跡の本格的な調査は61年度に実施することになっている。

――――――関東地方

**鎌倉から天平年間の木簡** 鎌倉市御成町の市立御成小学校庭で行なわれている発掘調査（調査担当・今小路周辺遺跡発掘調査団）で天平年間の年号と郷長名が記された木簡が出土，同遺跡が郡衙跡である可能性が強まった。この木簡は長さ 26.5cm，幅 3.0cm で，一面に「郷長丸子□□」，他面に「糒五斗天平 五年 七月十四日」の記載があり，郷長が糒（ほしいい）を郡衙に貢進する際，5斗ごとにつけた荷札とみられている。遺跡は鎌倉期の遺構の下から発見され御成山を背にして正殿，南北脇殿で構成され，東にコの字形に開いた形となっている。遺物は正殿と南の脇殿の間の柵跡と思われる所から発見されている。今回の木簡の発見で，源頼朝の入府以前はさびしい寒村だったとされていた鎌倉の地が奈良時代に郡衙がおかれるほどの中心地であったことがわかった。

**縄文中期の集落跡** 千葉県安房郡富浦町教育委員会と日本考古学研究所（佐倉市）が共同で調査を進めていた同町の深名瀬畠遺跡で縄文時代中期の集落跡が発見された。現場は南に館山湾を臨む河岸段丘上の畑で，加曾利EⅡ式期を主体とした竪穴住居跡 40 軒が検出されたほか，石棒4点，ヒスイ製の耳飾や大珠，丸玉4点，凹石 40点，石斧 50 点，黒曜石製石鏃 100 点のほか，土器多数が出土した。土器は埋甕など復元可能なものだけでも 70 点にのぼり，しかも千葉県では数少ない曾利系土器が多く含まれていた。遺跡は今回発掘された面積の約 10 倍の広さがあり，相当数の住居が存在したものと推定される。

**築垣の廃絶を示す竪穴住居跡**
群馬県教育委員会が発掘調査を進めている群馬郡群馬町東国分と前橋市元総社町にまたがる史跡・上野国分寺跡の発掘調査で寺院の衰退過程（時期）を示す竪穴住居跡と，創建期に建てられたとみられる掘立柱式建物跡を発見した。竪穴住居跡は南辺の築垣の基部の造成土を掘り込んで造られていることがわかったもので，出土した土師器から 11 世紀初めのものと推定された。『上野国交替実録帳』には上野国分寺の築垣，南大門，僧房などが寛仁4年（1020）にすでに全壊していたことが記録されているが，今回の調査で考古学的にも実証されたことになる。また七重塔跡から南西約56mのところで発見された掘立柱式建物は 9.3m×10.2m の大きさで，奈良

―――――――東北地方

**古墳時代後期の掘立柱式建築材** 山形県教育委員会が緊急発掘調査を行なっていた天童市矢野目の西沼田遺跡で6～7世紀ごろの農村集落が発見され、しかも高床式倉庫を含む住居10軒の建築材がほぼ完形のまま出土した。柱や壁、土台など建物の基礎構造のほか、板の間を作っていたことを示す木材もみつかった。さらにこの時代の東日本はすべて竪穴式であるのに、この10軒は掘立柱式を採用していた。住居は正方形や長方形のプランで、3m×5mくらい、柱は1軒当たり12本から16本出土している。住居からは鍬や鋤、鎌、堅杵など農村生活を示す木製品も数十点発見された。

**縄文前期の平地式住居跡** 山形県東置賜郡高畠町深沼の押出（おんだし）遺跡で山形県教育委員会による第一次発掘調査が行なわれ、泥炭地を2mほど掘り下げたところ、縄文時代前期の住居跡11軒が発見された。住居跡のプランは方形や円形で、柱は約30～40cm間隔で打ち込まれ、とくに柱のあるものにはほぞ穴をあけるなどの高度な建築技術が目を引く。石器・土器など約1,000点の出土品中には赤漆の地文に黒漆で文様を描いた彩文土器の破片やスプーン様の木器、さらにヒョウタンなどの植物の種子、クリ、クルミ、キノコなど当時の食生活を示す遺物も数多く出土した。

**弥生の集落など** 秋田市教育委員会が発掘調査を行なっている秋田市四ツ小屋の御所野台地で、弥生時代の集落跡を含む先土器時代から平安時代へかけての遺構・遺物が発見された。現場は標高40m前後の丘陵地で、弥生時代の集落は台地南西部の地蔵田B遺跡からみつかった。いずれも円形に溝をまわした直径10m前後の竪穴式住居跡8軒で、3重の溝をもつものもあり、さらに集落全体を囲む柱列も検出された。また多数の土壙墓と埋甕30基のほか、磨製石斧、ナイフ、台形様石器など先土器時代の石器3,000点以上や縄文時代の住居跡32軒も発見され、同遺跡が少なくとも3つの時代にわたって存在していたことを物語っている。

―――――――学会・研究会ほか

直良信夫氏 昭和60年11月2日老衰のため死去された。83歳。元早稲田大学教授。明治35年大分県生まれ。独学で古生物学や考古学を学び、昭和6年、明石市の西八木海岸で腰骨を発見し、洪積世人類のものであると主張した。しかし当時の学界はこの説を無視し、戦後になってようやく長谷部言人東大名誉教授が「明石原人」と命名。しかし反対論者も多く、未だにこの問題は決着がついていない。『日本古代農業発達史』『日本旧石器時代の研究』『古代遺跡発掘の脊椎動物遺体』『狩猟』などの著書がある。

**日本考古学協会昭和60年度大会** 10月26日～28日、奈良市史跡文化センターを会場に開催された。第1日目と2日目は研究発表と講演会、3日目は橿原考古学研究所付属考古博物館、飛鳥資料館、奈良国立文化財研究所、奈良市埋蔵文化財センターなどの見学会が行なわれた。

＜シンポジウム・東アジアと日本＞

1 日本旧石器文化の起源と東アジア
　宮城県の「前期旧石器文化」と中国の中期旧石器文化
　　……………岡村道雄
　中国の旧石器時代における水洞溝遺跡の位置………山中一郎
　中期旧石器とそれに続く時代―東アジアと日本……加藤晋平
2 縄文文化と東アジアの石器時代文化
　縄文文化を考える―真脇遺跡の成果から…………小島俊彰
　縄文時代の東北アジア
　　……………小川静夫
　東アジアの中の縄文文化
　　……………小林達雄
3 日本の青銅器と東アジア
　島根県荒神谷遺跡をめぐって
　　……………岩永省三
　朝鮮半島の青銅器……武末純一
　青銅器文化と青銅器時代
　　……………金関　恕
4 東アジアにおける日本の墳丘墓
　大阪市加美遺跡の弥生時代大型墳丘墓…………永島暉臣慎
　戦国～漢代における漢民族および東夷諸族の墳墓
　　……………町田　章
　加美墓と楯築墓……都出比呂志
5 東アジアにおける日本の横穴式石室
　束明神古墳の調査とその意義
　　……………河上邦彦
　日本と朝鮮の横穴式石室
　　……………西谷　正
　日本の横穴式石室の系譜をめぐって……………白石太一郎
6 東アジアの庭園と日本の庭園
　東アジアにおける古代の庭園
　　……………近藤公夫
　日本古代の庭園………牛川喜幸
＜講　演＞
　東アジアの仏教伽藍…坪井清足
なお、昭和61年春の第52回総会は駒沢大学において開催される予定である。

## ■第15号予告■

### 特集　日本海の環境と考古学

1986年4月25日発売
総108頁　1,500円

日本海をめぐる歴史の胎動…………安田喜憲
日本海をめぐる自然史
　埋没林と海面の変動……………藤井昭二
　日本海の最終氷期以降の古環境
　　………………大場忠道・加藤道雄
　日本海をめぐる気候と植生の変遷
　　………………………………安田喜憲
　昆虫の語る自然史………………富樫一次
　潮流と漂着物……………………中西弘樹
日本海をめぐる人間と文化
　サケ・マス論……………………松井　章
　ナラ林帯の文化…………………松山利夫
　古代の日本海交通………………高瀬重雄
　血液型遺伝子からみた日本民族の
源流………………………………松本秀雄
多雪地帯の遺跡
　新潟県新谷遺跡…………………前山精明
　富山県小竹貝塚…………………藤田富士夫
　富山県江上遺跡…………………久々忠義
　石川県チカモリ遺跡……………南　久和
　石川県寺家遺跡…………………小島芳孝
　石川県真脇遺跡…………………平口哲夫
　福井県鳥浜貝塚…………………森川昌和
　福井県吉河遺跡…………………中司照世
　福井県朝倉遺跡…………………藤原武二

＜講　　座＞　　＜調査報告＞
＜書　　評＞　　＜論文展望＞
＜文献解題＞　　＜学界動向＞

## 編集室より

◆1986年を迎えました。おめでとうございます。今年もよろしくお願い申し上げます。

さて本誌も季刊ながら14号となり、創刊以来3年半を経過したことになります。心から御愛読を感謝申し上げます。

創刊号は、奇しくも本誌特集の弥生時代の前、「縄文人は何を食べたか」でした。こんどは農耕時代といわれる弥生人の食生活をたずねてみます。どの程度まで、今日の考古学が、この時代の食生活を復原できたか。おそらくこれが、この主題に対する学界の尖端を指示しているといってもいいでしょう。　　　（芳賀）

◆弥生時代というと、見わたす限り黄金の穂の波といったイメージをもつが、はたして弥生人は米を主食にしていたのだろうか。

例えば、昨年開かれた登呂遺跡発見40周年のシンポジウムにおいても、仮に登呂の水田がすべて活用されしかも登呂村の人たちだけに限ったとしても1人当りの収量は1日1.1合にしかならないことが指摘されている。そうすると弥生人は何を食べていたのだろうか。この疑問に正面から取り組んだのが本号の特集である。創刊号と併読いただければ幸いである。（宮島）

**本号の編集協力者**——**甲元真之**（熊本大学助教授）
1944年広島県生まれ、東京大学大学院博士課程修了。「朝鮮の初期農耕文化」（考古学研究 20−1）「中国古代動物随葬墓考」（日本民族文化とその周辺）「トカラ列島の文化」（縄文文化の研究 6）などの論文がある。

### ■ 本号の表紙 ■

#### 中ノ浜遺跡とコメ圧痕土器

表紙に掲げた写真は山口県豊浦郡豊浦町川棚字下村にある中ノ浜遺跡の遺景（中央の低い所）と、同遺跡出土の箱式石棺墓に副葬された壺形土器の底部に付着したコメの圧痕である。特殊な器形の土器であるが、弥生時代前期後半のものと思われる。中ノ浜遺跡は響灘沿岸の砂丘上（海抜約5m）にある埋葬遺跡で、山陰海岸にはこうした遺跡が点々と存在しており、半農半漁の民により、弥生文化が東遷していく道すじをたどることができる。
（甲元真之）

### ▶本誌直接購読のご案内◀

『季刊考古学』は一般書店の店頭で販売しております。なるべくお近くの書店で予約購読なさることをおすすめしますが、とくに手に入りにくいときには当社へ直接お申し込み下さい。その場合、1年分 6,000円（4冊、送料は当社負担）を郵便振替（東京 3-1685）または現金書留にて、住所、氏名および『季刊考古学』第何号より第何号までと明記の上当社営業部までご送金下さい。

季刊 考古学　第14号　　1986年2月1日発行
ARCHAEOLOGY QUARTERLY　　定価 1,500円

編集人　芳賀章内
発行人　長坂一雄
印刷所　新日本印刷株式会社
発行所　雄山閣出版株式会社
　　　　〒102　東京都千代田区富士見 2-6-9
　　　　電話 03-262-3231　　振替　東京 3-1685

◆本誌記事の無断転載は固くおことわりします。
ISBN 4-639-00543-1　printed in Japan

| 季刊 考古学　オンデマンド版　第14号 | 1986年2月1日　初版発行 |
|---|---|
| ARCHAEOROGY　QUARTERLY | 2018年6月10日　オンデマンド版発行 |
|  | 定価（本体 2,400 円 + 税） |

　　　　編集人　　芳賀章内
　　　　発行人　　宮田哲男
　　　　印刷所　　石川特殊特急製本株式会社
　　　　発行所　　株式会社　雄山閣　http://www.yuzankaku.co.jp
　　　　　　　　　〒102-0071　東京都千代田区富士見 2-6-9
　　　　　　　　　電話 03-3262-3231　FAX 03-3262-6938　振替 00130-5-1685

◆本誌記事の無断転載は固くおことわりします　　ISBN 978-4-639-13014-7　Printed in Japan

# 初期バックナンバー、待望の復刻!!
## 季刊 考古学 OD　創刊号〜第50号〈第一期〉
全50冊セット定価（本体120,000円＋税）　セットISBN：978-4-639-10532-9
各巻分売可　各巻定価（本体2,400円＋税）

| 号　数 | 刊行年 | 特集名 | 編　者 | ISBN（978-4-639-） |
|---|---|---|---|---|
| 創刊号 | 1982年10月 | 縄文人は何を食べたか | 渡辺 誠 | 13001-7 |
| 第 2 号 | 1983年 1月 | 神々と仏を考古学する | 坂詰 秀一 | 13002-4 |
| 第 3 号 | 1983年 4月 | 古墳の謎を解剖する | 大塚 初重 | 13003-1 |
| 第 4 号 | 1983年 7月 | 日本旧石器人の生活と技術 | 加藤 晋平 | 13004-8 |
| 第 5 号 | 1983年10月 | 装身の考古学 | 町田 章・春成 秀爾 | 13005-5 |
| 第 6 号 | 1984年 1月 | 邪馬台国を考古学する | 西谷 正 | 13006-2 |
| 第 7 号 | 1984年 4月 | 縄文人のムラとくらし | 林 謙作 | 13007-9 |
| 第 8 号 | 1984年 7月 | 古代日本の鉄を科学する | 佐々木 稔 | 13008-6 |
| 第 9 号 | 1984年10月 | 墳墓の形態とその思想 | 坂詰 秀一 | 13009-3 |
| 第10号 | 1985年 1月 | 古墳の編年を総括する | 石野 博信 | 13010-9 |
| 第11号 | 1985年 4月 | 動物の骨が語る世界 | 金子 浩昌 | 13011-6 |
| 第12号 | 1985年 7月 | 縄文時代のものと文化の交流 | 戸沢 充則 | 13012-3 |
| 第13号 | 1985年10月 | 江戸時代を掘る | 加藤 晋平・古泉 弘 | 13013-0 |
| 第14号 | 1986年 1月 | 弥生人は何を食べたか | 甲元 真之 | 13014-7 |
| 第15号 | 1986年 4月 | 日本海をめぐる環境と考古学 | 安田 喜憲 | 13015-4 |
| 第16号 | 1986年 7月 | 古墳時代の社会と変革 | 岩崎 卓也 | 13016-1 |
| 第17号 | 1986年10月 | 縄文土器の編年 | 小林 達雄 | 13017-8 |
| 第18号 | 1987年 1月 | 考古学と出土文字 | 坂詰 秀一 | 13018-5 |
| 第19号 | 1987年 4月 | 弥生土器は語る | 工楽 善通 | 13019-2 |
| 第20号 | 1987年 7月 | 埴輪をめぐる古墳社会 | 水野 正好 | 13020-8 |
| 第21号 | 1987年10月 | 縄文文化の地域性 | 林 謙作 | 13021-5 |
| 第22号 | 1988年 1月 | 古代の都城—飛鳥から平安京まで | 町田 章 | 13022-2 |
| 第23号 | 1988年 4月 | 縄文と弥生を比較する | 乙益 重隆 | 13023-9 |
| 第24号 | 1988年 7月 | 土器からよむ古墳社会 | 中村 浩・望月 幹夫 | 13024-6 |
| 第25号 | 1988年10月 | 縄文・弥生の漁撈文化 | 渡辺 誠 | 13025-3 |
| 第26号 | 1989年 1月 | 戦国考古学のイメージ | 坂詰 秀一 | 13026-0 |
| 第27号 | 1989年 4月 | 青銅器と弥生社会 | 西谷 正 | 13027-7 |
| 第28号 | 1989年 7月 | 古墳には何が副葬されたか | 泉森 皎 | 13028-4 |
| 第29号 | 1989年10月 | 旧石器時代の東アジアと日本 | 加藤 晋平 | 13029-1 |
| 第30号 | 1990年 1月 | 縄文土偶の世界 | 小林 達雄 | 13030-7 |
| 第31号 | 1990年 4月 | 環濠集落とクニのおこり | 原口 正三 | 13031-4 |
| 第32号 | 1990年 7月 | 古代の住居—縄文から古墳へ | 宮本 長二郎・工楽 善通 | 13032-1 |
| 第33号 | 1990年10月 | 古墳時代の日本と中国・朝鮮 | 岩崎 卓也・中山 清隆 | 13033-8 |
| 第34号 | 1991年 1月 | 古代仏教の考古学 | 坂詰 秀一・森 郁夫 | 13034-5 |
| 第35号 | 1991年 4月 | 石器と人類の歴史 | 戸沢 充則 | 13035-2 |
| 第36号 | 1991年 7月 | 古代の豪族居館 | 小笠原 好彦・阿部 義平 | 13036-9 |
| 第37号 | 1991年10月 | 稲作農耕と弥生文化 | 工楽 善通 | 13037-6 |
| 第38号 | 1992年 1月 | アジアのなかの縄文文化 | 西谷 正・木村 幾多郎 | 13038-3 |
| 第39号 | 1992年 4月 | 中世を考古学する | 坂詰 秀一 | 13039-0 |
| 第40号 | 1992年 7月 | 古墳の形の謎を解く | 石野 博信 | 13040-6 |
| 第41号 | 1992年10月 | 貝塚が語る縄文文化 | 岡村 道雄 | 13041-3 |
| 第42号 | 1993年 1月 | 須恵器の編年とその時代 | 中村 浩 | 13042-0 |
| 第43号 | 1993年 4月 | 鏡の語る古代史 | 高倉 洋彰・車崎 正彦 | 13043-7 |
| 第44号 | 1993年 7月 | 縄文時代の家と集落 | 小林 達雄 | 13044-4 |
| 第45号 | 1993年10月 | 横穴式石室の世界 | 河上 邦彦 | 13045-1 |
| 第46号 | 1994年 1月 | 古代の道と考古学 | 木下 良・坂詰 秀一 | 13046-8 |
| 第47号 | 1994年 4月 | 先史時代の木工文化 | 工楽 善通・黒崎 直 | 13047-5 |
| 第48号 | 1994年 7月 | 縄文社会と土器 | 小林 達雄 | 13048-2 |
| 第49号 | 1994年10月 | 平安京跡発掘 | 江谷 寛・坂詰 秀一 | 13049-9 |
| 第50号 | 1995年 1月 | 縄文時代の新展開 | 渡辺 誠 | 13050-5 |

※「季刊 考古学 OD」は初版を底本とし、広告頁のみを除いてその他は原本そのままに復刻しております。初版との内容の差違はございません。

「季刊考古学 OD」は全国の一般書店にて販売しております。なるべくお近くの書店でご注文なさることをおすすめしますが、とくに手に入りにくいときには当社へ直接お申込みください。